人生が劇的に変わる

# 「幸運ルーム」の法則

部屋のNGを改めるだけで
幸せの神様はやってくる

一級建築士・風水研究家
小林祥晃

河出書房新社

家はあなたの幸せの土台を作る器です。ですからプラスの気が漂う開運空間に居ないと、**あなたの運勢にも影響してしまいます。**

でも日々知らずにやってしまっているＮＧアクションで、厄だらけの部屋になっていることも……。**住まいは人生の相棒。**だから大事なのは幸せの気が漂う部屋を作ることです。

それが**「幸運ルーム」**。

部屋ごとの、「やっていい」「やってはいけない」がわかれば、お金をかけなくても部屋はみるみる開運空間となり、あなたの人生も劇的に好転するでしょう。

# はじめに

「風水」。気にはなるけれど何から始めればいいの？　何か難しくて面倒くさそう、そう考えていませんか？　でも風水は難しくないんです。

なんとなく居心地がいい家、ずっと居たくなる場所、テンションが上がる場所、気持ちがふっと緩む場所ってありませんか。実はそんな家や場所を作ったり、探したりする方法を教えてくれるのが風水なんです。

風水はあなたの暮らしを豊かに楽しく、そして運の上限を目指すための環境開運学だと考えます。一気に難しく感じてしまいますが、つまりは「あなたのまわりの環境を整えてよくすれば開運しますよ」、というだけのこと。

風水には「衣」「食」「住」「遊（旅行や趣味、人間関係など）」「心（考え方など）」の５つのポイントがありますが、その中でも「住」、あなたが毎日過ごしている家や部屋がいちばん影響力があります。

この本では金運もアップして人間関係もよくなり、仕事もバリバリこなせて、心も体も幸せになり、充実した毎日を過ごすことができるお部屋を「幸運ルーム」と命名し、どんなお部屋でも「幸運ルーム」にする方法をお教えします。

基本的には住まいはあなたの人生を作る最大の友人であり、そしてあなたを守り、一人前にして世の中に送り出す空間でもあります。住まいは友人でもあり、親でもあり、裏切らないあなたの味方。

どんな人生を送りたいのか考え、イメージした通りの人生になって部屋と一緒に喜べるよう、風水をつかってください。つかえば必ず効きますから。

小林祥晃

# あなたが毎日過ごす家を『幸運ルーム』に！

## ＮＧインテリアが あなたの幸せ度を下げています！

ツキがない、タイミングが悪い、うまくいかない、運が悪い。

毎日普通に暮らしているのに、どうして「いいこと」がないのでしょう……。

それは、あなたの暮らしている環境が、あなたが幸せになるのを邪魔しているからです。

心当たりがあるようなら、一度、住まいを点検してみましょう。

玄関の状態はどうなっていますか？　キッチンは？　トイレは？

普段、家の中をどんなふうにつかって、どんなものを置いているのでしょうか。

誰もがやっているようなことや、知らず知らずにやってしまっていることが実はＮＧインテリアになっていて、それが、あなたの幸せをはばんでいるのです。

運をよくするのにもっとも必要なことは環境をよくすること。あなたが思った以上に大きな幸せを呼び込んでくれます。その環境を作るやり方を教えてくれるのが風水。中でも身近な環境である住まいの環境を整えることです。

## 環境をよくしていく
## アイデアが「風水」です！

環境をよくするとどうして運気がよくなるのでしょうか。

それは、人が環境の影響を強く受け、環境の善し悪しに大きく左右されるからです。

環境が変われば考え方も変わり、性格や人格も変わります。

ひいては、あなたの運気は劇的に変わります。

その環境を上手に変える手助けとして「風水」の発想を取り入れましょう。

やることは簡単！　あなたの住む部屋のインテリアを「幸運ルーム」になるように整えればいいのです。

難しいことではありません。一度わかれば簡単にできることばかりです。

## 住まいのささやきに耳を傾ける

インテリアを整えるときに大切なのが、住まいについた厄を取り除くことです。

厄のついた環境に幸せは入ってこられないからです。

住まいは自分を表す鏡です。

常態化している自分の部屋のＮＧ部分には、なかなか気づきにくいもの。

住まいのＮＧ部分をみつけるには、住まいが困っていること、そうしてほしいという要望に耳を傾けることです。

とはいっても、家が口をきくわけではありません。どうやったら聞こえるの？　と思うでしょう。

風水インテリアを応用すれば家のささやきを聞き取ることができ、住まいのダメージに気がつきます。引っ越しやリフォーム、家具を新調するなどしなくても、手軽にインテリアで開運できるようになりますよ。

そのために本書で風水の知恵を学んでいきましょう。

## 本書の使い方

本書では4つの章に分けて「幸運ルーム」について
解説しています。

### 第1章

風水を始める前に知っておくとよい、開運のための基礎知識を紹介しています。「幸運ルーム」に住める近道をマスターしましょう!

### 第2章

NGポイントと開運ポイントを部屋別に具体例を交えて紹介しています。心当たりのあることは、改善していきましょう。

### 第3章

部屋の間取りは、すでに決まっているので、もし問題があったらどうしたらいいの？　と悩むこともあります。簡単にできる改善策を紹介しています。

### 第4章

新生活や引っ越し、仕事、趣味、ペットなど、インテリア以外にこんなときはどうするの？　といったお悩みに答えています。

# 目次

## 第3章
# こんなときどうする？ 部屋や間取りのお悩み解決法

## 第4章 知っておくと得するQ&A

# 第1章

# 「幸運ルーム」を作るための基本を知ろう

風水を始める前に知っておくとよい、開運のための基礎知識を紹介しています。「幸運ルーム」に住める近道をマスターしましょう！

# 風水では方位のパワーを意識する

## 基本は八方位と中心で考える

風水は太陽が幸運をもたらしてくれると考え、その動きを大切にします。朝、太陽が昇り明るくなり、昼にいちばん高く上がり、そして夕方には太陽が沈み、夜には太陽が隠れ、真っ暗になります。この太陽の動きに合わせて過ごすことが幸運を呼び、そしてこの**太陽の動きを取り入れたお部屋を「幸運ルーム」と呼んでもいいでしょう。**

太陽が昇る方位を東、いちばん高く上がる方位を南、沈む方位を西、そして太陽が隠れる方位を北と言い、北と東の間を東北、東と南の間を東南、南と西の間を南西、西と北の間を北西と言います。東西南北の四方位は30度の幅があり、東北や東南、南西や北西の四方位は60度の幅があると考えます（左ページ、下図）。

一般には家の平面図（間取り図）を用意して家の中心を出し、分度器などをつかって八方位を正確に出すことが理想ではありますが、わからない、面倒というのであれば、スマホにあるコンパス機能やコンパスアプリをつかったり、太陽の動きをみてあなたの家の玄関や窓、キッチンやユニットバスがざっとどの方位にあるのか確認してみてください。

## 家の中心を求めてみよう

左ページのイラスト（上図）は、家の平面図を使って中心を出す方法です。家の平面図（間取り図）を厚手の画用紙などに貼り、コンパスの脚の先など、先のとがったものの上にのせます。バランスがうまくとれたところが家の中心です。

正方形や長方形の家なら対角線の交点が中心になります。出窓やベランダ、縁側、ポーチなど、外壁から出っ張った部分があれば画用紙に貼るときに、除外して考えます。

家の中心が出たら中心を基準にして円を描き、方位磁石で北を確認します。方位磁石が示す北を「磁北」と言い、この磁北を元に風水の方位は決められています。磁北から真下に延びる南北のラインと東西のラインを「正中線」と言い、風水では重要なラインです(下図、グリーンのライン)。

● 八方位図

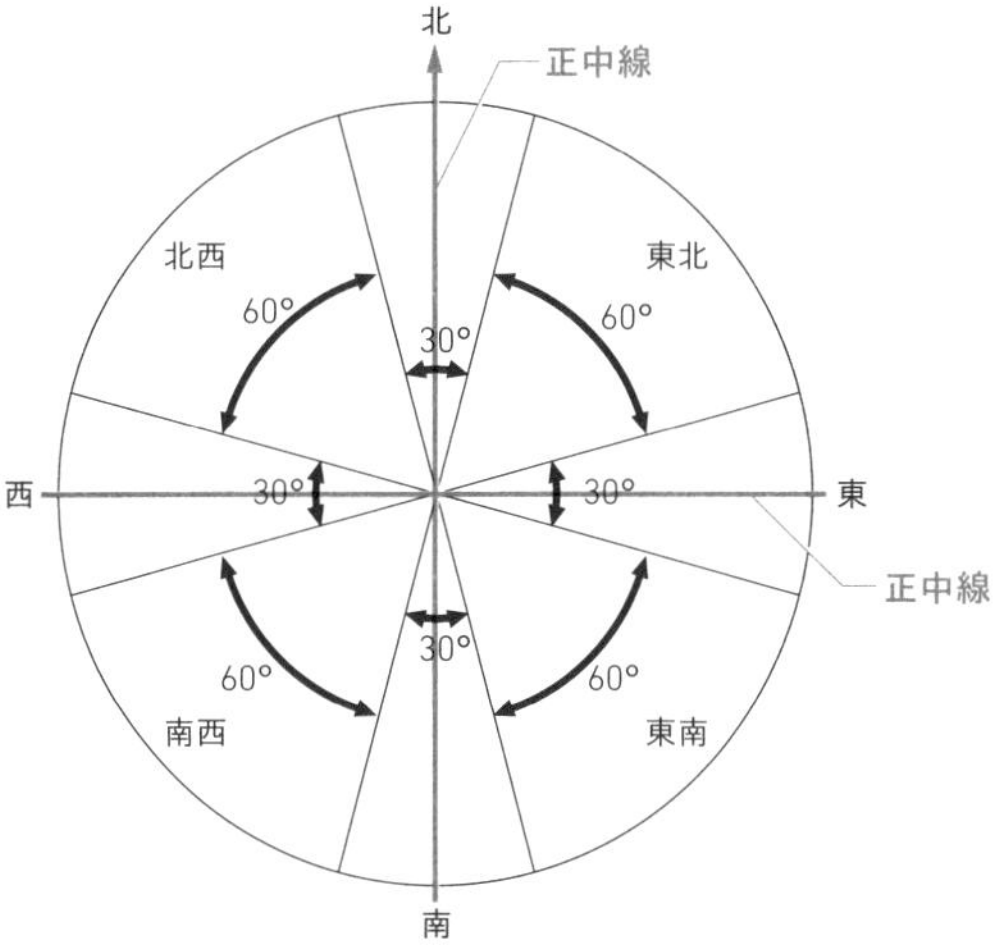

## 住む人と方位の関係を知る

各方位が支配するパワーを順に紹介していきます。

北は財産など大切なものを保管する場所にむきます。男女の愛情や子宝、貯蓄、知識に影響します。

東北は「鬼門（表鬼門）」と言われる方位。なんだか怖い呼び名ですが、健康や不動産、相続や転職、引っ越しなど変化に影響する方位。健康面ではとくに男性や男の子の健康を左右します。

東は健康、元気や情報、仕事やチャレンジ精神を司る方位。とくに若い人にとっては活力の源になる大切な方位です。

東南は人間関係や恋愛を司る方位。東南からの風を受けると良縁に恵まれると言います。とくに女性の良縁に効果が大です。

南は才能や直感力や美しさ、センス、人気と関係が深い方位。才能を引き出し、高める方位であるため、これからの時代に必要なパワーをもたらします。若い人にはとくに必要でしょう。

南西は大地を支配する方位。家庭や家族、安定、子宝をもたらします。

西は金運に関わる方位。豊かさをもたらしてくれます。意外かもしれませんが、遊びや人間関係にも影響する方位です。

北西は仕事や出世、勝負に深くかかわる方位。年配の人の生き方に影響します。

この八方位以外に、家の中心も大切。全体運に影響する、家の要となる場所です。家の中心からだいたい半径1メートルの円内を中心と考えてください。

若い人には東、東南、南のパワーが必要です。部屋に東や東南、南からの太陽の光が入る部屋が理想ですが、ワンルームだと難しい場合もあります。その場合でもインテリアで東や東南、南のパワーを補うことが可能です。

## ラッキーゾーンを知ろう

風水では、「幸運は龍の背中に宿る」と言います。地形的にパワーがある土地を「龍脈」と言い、龍の背びれにあたる土地を指します。土地の龍脈と同様に、**家の中を走る龍脈が「ラッキーゾーン」で、玄関と家の中心、玄関の対角線上を結んだゾーンです。**

ラッキーゾーンは幸運の通り道ですから、ラッキーゾーン上にパワーがあると、家の中に入った幸運が2倍にも3倍にもふくれ上がります。大事なのは、**どの方位の玄関でもラッキーゾーン上はきれいにすること。**玄関と同じもの、同じ色のもの、同じモチーフのものを置くと運気がアップします。

ラッキーゾーンを求めるには、まず玄関の中心から家の中心を通る対角線を引きます。そして、その線の両側に、玄関のある辺の3分の1の幅で平行に引いた2本の線の間が、ラッキーゾーンになります(左図、斜線のゾーン)。ただし、北玄関の場合だけ、ラッキーゾーンは家の中心までしか届きません。しかしそのぶん幅は倍に広くなるので、他の場合と面積は同じです(左図、ドットのゾーン)。

戸建ての場合、2階以上のラッキーゾーンは、階段口の中心とその階の中心を結び、1階の場合と同様に求めてください。**ワンルームやマンションでは階数は気にせずに求めます。**

●ラッキーゾーン

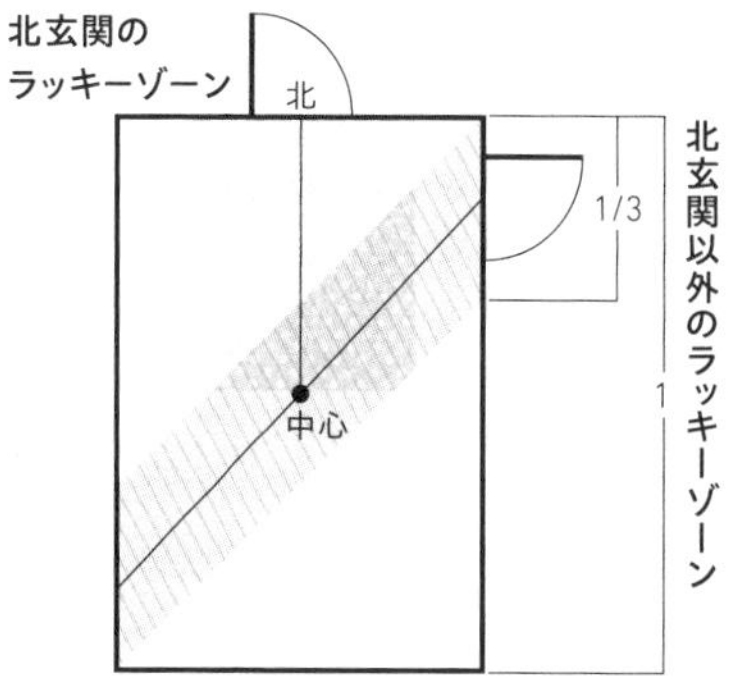

# 方位と色、アイテムの関係を知る

風水インテリアでは、カラー、柄やアイテムを足すことで、パワーが得られると考えます。これらを上手に組み合わせてつかうと、方位のパワーから望む運気が得られるようになったり、夢や目的が叶う環境が作られます。

## 方位に合う風水インテリアで開運

方位のパワーをどのように開運に結びつけるのでしょうか？

### 中央

開運カラー

ラベンダー色：格を上げ夢を叶える
黄色：金運をアップする
ゴールド：タイミングをよくしてチャンスをつかむ

開運アイテム

夢に関するもの、八角形のもの、背の高いもの、収納家具、大樹の絵

### 北

開運カラー

ピンク：愛情を高める
オレンジ色：財産、子宝に恵まれる
ワインレッド：貯蓄運を高める

開運アイテム

預金通帳、印鑑、金庫、貯金箱、ざくろの実、ざくろモチーフのもの、船や海の絵、ダーク調の家具

### 東北

開運カラー

白：東北のすべての運を高める
黄色：お金や不動産に恵まれる
赤：健康運や仕事運を高める

開運アイテム

四角いもの、角張ったもの、白い家具、表鬼門札、盛り塩、山（雪山）の絵

### 東

開運カラー

赤：健康運や仕事運を高め、やる気を促す
白：心を強くする
ブルー：健康運を高める
ピンク：人間関係運アップ

開運アイテム

テレビ、オーディオ、電話、楽器、時計、乗りものに関するもの、子どもが描いた絵

● **方位別運気**

### 東南

● 開運カラー

ピンク：恋愛や結婚運を高める
グリーン：さわやかさをキャッチ
オレンジ色：旅行運をアップ

● 開運柄

花柄：恋の運気をアップ
ストライプ柄：人間関係や縁を呼ぶ

● 開運アイテム

香水やコロン、花、長いもの、
風に揺れるもの

### 西

● 開運カラー

黄色：金運を高める
白：過去を活かし金運アップ
ピンク：恋愛運をアップし、夢を叶える

● 開運アイテム

フルーツ、以前撮った写真や
思い出の品、神棚や仏壇

### 南

● 開運カラー

グリーン：勘を高める
オレンジ色：夢をみつける
ゴールド：勝負運を高める

● 開運アイテム

観葉植物、スタンドライト、
金属製品、光沢のあるもの、一対

### 北西

● 開運カラー

オレンジ色：勝負に挑む
ベージュ：守りを固める
グリーン：勘を高める
ゴールド：決断力をアップ

● 開運アイテム

神棚や仏壇、白くて丸いもの、
家族の写真、木製のもの、
高価なもの、縁起もの

### 南西

● 開運カラー

茶色：どっしりとした基盤
ベージュ：家庭の安心
ラベンダー色：信頼と健康
グリーン：過去を活かす
黄色：金銭的な安定
赤：元気とやる気、夫婦仲よく、結婚

● 開運アイテム

観葉植物、鉢植え、収納家具、陶磁器、土製、裏鬼門札、盛り塩

# 鬼門ラインと鬼門の風水

## 鬼門ラインは東北ー南西を結ぶ神聖なライン

鬼門は表鬼門（＝東北）と裏鬼門（＝南西）を指すゾーンで、本来は位の高い神聖な方位。

家の中心を通り東北と南西を結ぶライン（下図、グリーンのライン）が「鬼門ライン」で、鬼門パワーがもっとも強く作用します。鬼門の気は強力なので使い方が悪いと大きなダメージが出ますが、「鬼門は汚してはいけない」と覚えておけば大丈夫。そうじを徹底して盛り塩などで清浄に保てば、大きな幸運を与えてくれます。表鬼門は男性の運気に、裏鬼門は女性の運気に影響してきますので、自分の部屋のインテリアを決める際に、意識しておくといいでしょう。

● 鬼門と鬼門ライン

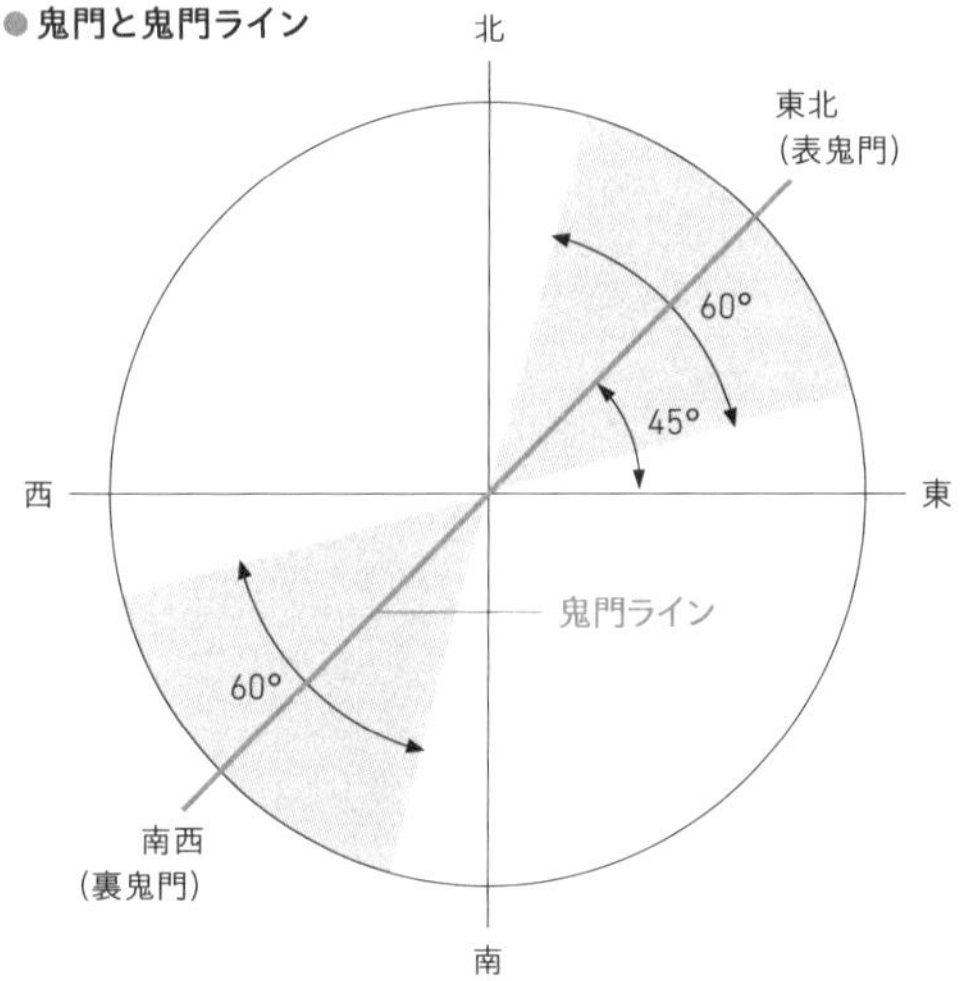

# 塩のパワーで部屋を清める

## 部屋は
## 盛り塩でダメージを和らげる

生命の源である海のエキスを凝縮した塩は、厄を祓い清める作用と足りないものを補い整える作用の、両面の力を持っています。

例えばキッチンや浴室、トイレなどの火や水をつかう場所や、玄関、欠けなどのダメージ解消に効果的です。自然の力が大切なので天然塩（粗塩）をつかい、1ヵ所に10グラム程度を小皿に盛りましょう。盛った塩は、1週間ごとに新しい塩に取り替えてください。

つかい終えた塩は、料理やうがい、入浴時などにつかうといいでしょう。

# どんな部屋もインテリアで運は引き寄せられる

## 基本は「西に黄色」「東に赤」

環境のよい家に住めばどんどん幸せになれます。しかしよほどのお金持ちで、好きなところに広い家を建てられても１００点満点の家が手に入ることはありません。建築家である私の家だって風水家相を駆使して設計してはいるけれど60点ぐらいです。

　ワンルームやマンションなど狭いとなおさらベストな部屋を手に入れるのは難しいでしょう。そんなときこそ風水です。風水のインテリアをつかうことで変えようのない間取りを吉相にすることが簡単にできます。それも大金をかける必要はありません。

　ちょっとしたものを置くことで風水パワーがたっぷりつまった「幸運ルーム」が出来上がるのです。

　運気アップのための基本は「西に黄色」。金運アップの風水です。やはりお金がなくてはいけません。次に「東に赤」。これは健康や仕事運アップの風水。そして「南に一対」。観葉植物やグリーンのものを一対置くと才能が開花します。さらに北に山の絵や家具を置きます。東西南北のパワーをきちんと整えることでその部屋の運気がぐんとよくなります。

　置くものはどんなものでもＯＫ。黄色いキャラクターのぬいぐるみでもいいでしょう。広い範囲を占めるほど、たくさん置くほどそのパワーはアップします。

　東西南北の次は東北と南西の鬼門ラインを整えます。鬼門ラインは常にきれいにしておくこと。そうじをこまめにしてください。

　これさえやれば「幸運ルーム」が出来上がります。

# どんな未来がほしいのかを部屋に託そう

## 部屋に目的を持たせる

部屋選び、部屋作りのポイントはその家に暮らしてどうしたいのか、という**目的を持ち、その目的にあった部屋を選ぶ、部屋にすること**です。ある意味、彼や彼女、友達を選ぶときと似ているかもしれません。

あなたが仕事が好きだからバリバリ働きたい、出世したいというなら仕事に影響する東の方向のパワーを高めればいいんです。例えばパソコンやデスクを東側に置き、東枕で寝るなどですね。

才能が認められ、クリエイティブな仕事がしたい、きれいになりたいなら南の運気が必要です。南に窓があり、南からの太陽が入る部屋にいなければいけません。南からの光が入らないなら南側に観葉植物や鏡を置いたり、南枕で寝るようにしましょう。

楽しくのんびりした人生を送りたいなら西の力を高めることですが、ただしこの場合、西枕で寝たり、西日が入る部屋は若い人には不向き。経済的なものがついていかないとゆったり楽しくはできません。楽しくのんびりした人生というならやはり西のパワーアップのために「西に黄色」を実行し、金運を高めることから始めましょう。

# 収納は墓場？だからためすぎはダメ

## 収納は陰のスペース

風水では、住まいの風水を陽（陽基）、お墓の風水を陰（陰宅）と考え、この2つを組み合わせて利用することで最大の威力を発揮します。家の中では収納スペースを陰のスペースと考えます。

収納がたっぷりあり、たくさんのものをそこにしまい込めるとスッキリみえますが、収納が大きいと陰の気が強く作用する恐れがあり、活気がなくなったり、会話や人付き合いが億劫になったりするかもしれません。それにものをしまい込みすぎると不要品が逆に増えたり、収納内に湿気がたまることもあります。こまめなチェックが必要です。

収納が少ないとものが散らかりやすく、部屋が雑然としたり、探し物が増えてイライラしやすくなります。さらにほこりをかぶっていてはNGです。

すっきりしすぎる部屋と、にぎやかすぎる部屋の中間ぐらいのバランスが風水的には○。行動力もやる気もわいてきます。

収納は隙間なくきちんとやるよりは、少し空きがあったほうがいいでしょう。また収納が汚れているとメンタルが弱くなったり、過去をうまくつかえなくなります。つまりやったことが無駄になる、ということ。

収納のポイントはその年のラッキーカラーの服を真ん中や、いちばん上など目立つところに置くことです。その年のラッキーカラーやラッキー方位などは、年度版の『Dr.コパのまるごと風水大開運術』などで発表しています。

# そうじをすると幸運の神様がやってくる

## 「幸運ルーム」のそうじの基本は水拭き

汚れた家には幸運がやってきません。住まいは幸運をもたらしてくれる神様に一緒に住んでもらうことが大事だと考えます。神様というお客様を招くのですから、きれいにして。そうじは風水の基本です。

「幸運ルーム」作りのためのそうじの基本は床の水拭き。厄という不運は下に落ちると風水では考えます。床には厄が落ちていますから、床をきれいにしましょう。掃除機やモップでごみやほこりを吸い取ったり、拭き取ったりするだけでは厄は落ちません。水拭きをすることで厄が落ちます。床にひざまずき、水で絞った雑巾で水拭きをするのが理想ですが、モップをつかって水拭きすることでもいいでしょう。敷いているマットもそうじのときには外に出して、ちょっと太陽の光に当てることです。

## 玄関と鬼門をきれいにする

幸運の神様は人と同じように玄関から入られるので玄関のそうじも優先して。玄関土間を毎日水拭きします。

そして鬼門方位、鬼門ライン。東北、中心、南西を結ぶところです（22ページ参照）。ここは神様が好まれる場所ですからきれいにしておくことです。

光沢のあるものに神様は反応されますから、ドアノブや鏡、ステンレスやクリスタルのものなど磨けば光るものをピカピカにしましょう。

# 火をつかう場所が大切なのは何故？

## 陽のスペースでも極端な変化はマイナスに

風水は太陽が幸運や陽の運気をもたらしてくれる、とお伝えしましたね。火は太陽の代わりとなるもので、幸運をもたらしてくれるものです。火は人の活力に影響しますし、陽の気を作り出してくれます。ただし極端な変化は環境にとっては負担となるため火をつかうスペースはその扱いに注意が必要です。家の中で火をつかう場所というとキッチンです。キッチンは、水だけでなく、火をつかう空間でもあり、湿気や汚れがたまりやすく、家が傷みやすいため吉相にするのが難しいスペースです。

キッチンは金運に影響するスペースで、そこで調理をする人の性格や運気に大きな影響力があります。また食事を作る場所なのでキッチンの良し悪しは健康にも影響します。

火をつかうキッチンのパワーをアップするには、家を傷みにくくする工夫が必要です。窓があるなら窓を開けて換気をよくするといいですし、調理中は換気扇をオンにして強い火の気をやわらげたり、悪臭を防いでください。シンクに汚れた食器やパックを放置せず、夜寝る前までに洗って食器棚に収めたり、ゴミとして処分するようにしましょう。ガスレンジのコンロが油汚れなどで汚れると喧嘩しがち。直接火がみえることのないＩＨヒーター、電子レンジやオーブントースターも同様で、火による凶作用が生じると考えます。

これらの汚れを放置すると喧嘩やごたごたが起こりやすくなります。

# トイレ、水場が大切なのは何故？

## 本来はダメージが大きい場所

風水では家の中にたまっている水をよくないものとしています。理由は湿気が家を傷みやすくし、そのため人の体調にも影響を与えるから。体調を崩すと人間関係が悪くなったり、無駄なお金をつかったり、と人間関係や金運にも大きく影響するからやっかいです。昔はトイレやお風呂場は家の中になく、外にあることが多かったんですよ。家にいれてもらえないほどトイレや水場はダメージが強い空間とされていました。

さらにトイレは排泄する行為が健康と結びついているため、**健康運を左右するスペース**として重要視されています。トイレは水をためる＆排泄をする空間であるため、どの方位にあっても吉相にはならず、もっともパワーダウンしやすいところ。ワンルームなどマンションではトイレに窓がないことが多く、外との気の交換が図れないことから余計に運気がダウンしやすく、**長居は禁物。トイレでスマホをみたりして長時間いることはNG**です。

浴室やユニットバスは湿気の多い場所です。さらに自分の厄を洗い流す空間であり、夫婦や家族、カップルの愛情を支配する場所でもあります。喧嘩や浮気、マンネリなどの愛情問題で悩んでいるなら浴室や洗面所に問題があることが多いんです。

トイレも浴室も広いほど厄落としができます。ワンルームなど狭い空間だとトイレや洗面所も狭いので余計にインテリアなどで「幸運ルーム」作りをしなければいけません。

# 置いてはいけないメンタルに影響するもの

## 癒やしのつもりが、ダメージになる場合もある

陰のパワーが強いアイテムや季節はずれのものは、癒やしのつもりが、かえってダメージになる場合も。

・**水槽**　20リットル以上のものは置き場所によってイライラしたり、不安に陥りやすくメンタルに影響します。例えば南の水槽。喧嘩やトラブルのもとになります。家の中心付近もタイミングが悪くなります。西にあるとお金の入りが悪くなり、メンタルに影響が。水が汚れているのもNGです。

・**ペットのケージなど**　ペットは心を和ませたり、心や体に元気や活力を与えてくれますが、ケージや餌台の置き場が鬼門ライン（東北や南西、中心）、また玄関だとペットや人が健康を害しやすいなどの問題が出てくることがあります。

・**季節はずれのもの**　タイミングが悪くなるのでNGですが、ワンルームなどでスペースの都合上、季節ごとの収納ができない場合もあります。その場合、季節に合った方位に収納します。冬物は北側、春物は東、夏物は南、秋物は西に置くようにすると無理がありません。また、その方位と相性のよい色の布などをかけておくなどの工夫をして。

・**ガラスのテーブル**　天板がガラスのテーブルは活力をそぎ、やる気を落とすのでとくに若い人には不向き。

・**黒やグレーのカーテン、ベッドカバー**　黒やグレーは陰の力が強く、広範囲でつかうと精神的に落ちてしまい、やる気がなくなったり、自信がなくなりがちです。

# 鏡の本来の力

## 風水で鏡は影響力大！

鏡は姿をみるだけではなく、あなた自身の考え方や心を変えることができるほど大きな力を秘めています。鏡には幸運を吸収する力と、不運や厄をはね返す力、２つの大きな力があります。

あなたの部屋のほうに角が向くような建物があるときにはそこから凶作用がもたらされると考えますから、そちらの方に鏡面を向けて鏡を設置します。玄関入って正面に鏡があると外からやってきた幸運がその鏡にはじきとばされてしまいますから注意してください。

鏡のもっている力を利用するには鏡がどの方位にあるのかが大事。つまりあなたがどちらを向いてその鏡に自分の顔や体を映すか、ということ。

東を向いて鏡をみる位置に置くとその鏡を通して自分をみることで元気になりますし、メイクをするなら手早く終えられます。南を向いて鏡をみることでよいアイデアがピンとひらめいたり、美しくなれます。西の鏡はお金を吸収してくれますし、西向きでメイクをするとかわいい顔が出来上がります。北の鏡は精神的に落ち着くようになります。北向きでメイクをするときにはやさしく、おだやかな雰囲気にしてください。

鏡で気を付けたいことは洗面所やユニットバス内にある鏡をみてメイクをしないこと。これらの場所は厄落としスペース。厄がついた不幸顔が出来上がります。

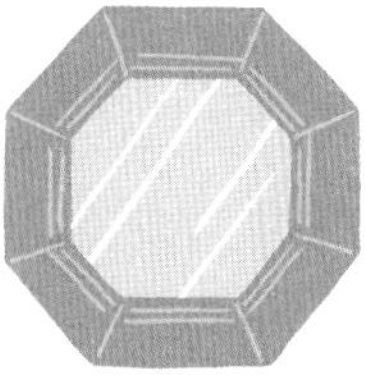

# 「幸運ルーム」のための開運モチーフ

## インテリアに取り入れよう

風水では幸運を引き寄せるアイテムがいくつかあります。部屋に招き入れましょう。

・**馬蹄型**　幸運を呼ぶラッキーモチーフとして全世界で人気。開いたほうを上にすることで幸運をため込み、逃さないパワーがあります。

・**さんかんの実**　さんかんとは橘、ざくろ、桃の3つの実のこと。橘が金運や仕事運、ざくろは財運、子宝運、桃は人間関係を呼びます。単体でもパワーがありますが、このうちの2つ、もしくは3つがそろえば望む幸せをすべて手にできるという大きな力をもたらしてくれます。

・**ストライプ柄**　よい人間関係、恋愛運をもたらします。今の幸運を持続するパワーもあります。

・**花柄**　ストライプ柄と同様によい人間関係や恋愛運をもたらします。

・**八角形**　八方位（北、東北、東、東南、南、南西、西、北西）から幸運を呼ぶ形。全世界、あらゆるところから幸運があなたのもとにやってくる強いパワーがあります。

・**大きな木**　幸運をまとわりつかせる力があります。部屋に大きな木の絵や写真を飾るとパワーを取り込めます。

・**龍**　龍は幸運をもたらす神様の先導役。龍が居るところに幸運の神様がいらっしゃいます。

# 年中行事は運の補給日。家を喜ばせる！

## 年中行事でお部屋を刺激する

お部屋を幸運ルームにするためにぜひ試していただきたいのが年中行事。部屋にも行事を味わってもらうことで楽しみながら運気をアップできます。

・**正月飾り**　正月飾りを飾りましょう。ただし12月29日と31日は避けること。玄関ドアは避けて脇の壁などに飾るようにして（41ページ参照）。

・**お正月**　その年に積極的に食べることで、運気を吸収することができるラッキーフードをつかったおせち料理を家の器に盛り、おめでたい気分を部屋とともに味わいましょう。

・**節分**　家の東北方位から時計まわりに豆まきをして厄落としを。掛け声は「鬼は外、鬼は外、福は内、福は内、福は内」です。稲荷寿司を食べます。

・**建国記念の日**　この日に神社を参拝すると不動産運や財運がアップ。住みたい家の間取り図や写真などの資料を家の中心付近に置いておきましょう。

・**ひな祭り**　ひな段を飾ったり、ひな段の代わりに東南にピンクの花、西に黄色の花を飾ります。

・**端午の節句**　しょうぶ湯に入り、厄落とし。しょうぶの花を飾るのもいいですね。

・**お月見**　部屋の南側に、葡萄や柿、梨などのフルーツや秋の花、お月見団子、すすきを飾り、お月見をします。

・**大そうじ**　その年に家についた厄を落とすのが大そうじですが11月に行うのが風水流。玄関や家の中心付近はとくにやっておきたい場所です。

COLUMN 1

## 色が運気を変えてくれる

「幸運ルーム」を作るには、色のパワーに頼るのが効果的です。それぞれの色の持つパワーを知り、あなたらしく「幸運ルーム」を作りましょう。

### ゴールド

太陽の輝きを表す色で、運の王様である金運、タイミング力、決断力、勝負運を与えてくれる。

### シルバー

守りのパワーが強い色。子宝運や財運、健康運をもたらし、気持ちをおだやかにして生活を安定させる。

### 黄色

金運の実りを表す橘(たちばな)の色。金運と財運を運び人生を実り豊かにし、縁を運んでくる。

### 赤

朝日のパワーを象徴する色。元気、やる気を与えてくれ、健康運や仕事運、勝負運に効く。

### ピンク

良縁を表す色。恋愛運や豊かな人間関係を育み、よい縁に恵まれるパワーをくれる。

### オレンジ色

現状から脱却するパワーがあり、旅行運、子宝運や不動産運にも効果大。

### ワインレッド

自立心を支えてくれる色。愛情運や蓄財運を高めるパワーもある。

### ブルー

仕事運、厄や嫉妬を祓い清め、無駄づかいの防止に効く色。金運面で多用すると運が落ちるので注意。

### グリーン

健康運や再生のパワーを持つ植物の色。枯れた運気を蘇らせ、あなたが本来持っている才能を引き出す。

### ラベンダー色

厄落としカラー。窓のない水場など厄がたまりやすい場所に使うと効果的。お金の厄を落とせる。

### 白

浄化のパワー。感謝の気持ちを芽生えさせ、いい出会いや縁を与えてくれる。

### 黒

格を上げる色。多用すると逆効果になるので、ここ一番のときにポイントづかいすること。

### グレー

他の色との組み合わせでパワーを補強する。グレー1色ではなく、他の色と合わせてつかうと◎。

### 茶色

大地や土を表す色。家庭運、結婚運を育み、不動産運にも効果的。

### ベージュ・クリーム色

神仏に守られる色。人間関係のごたごたから守ってくれるパワーも。

### カーキ

安定をもたらし、根性や忍耐力をつけてくれる。ワンポイントに光沢素材や華やかな色を足してつかうと◎。

# 第2章

# 「幸運ルーム」を作る部屋別の実践法

NGポイントと開運ポイントを部屋別に具体例を交えて紹介しています。心当たりのあることは、改善していきましょう。

# 玄関 Entrance

## 幸せの入り口である玄関は同時に外からの厄のたまる場所。5つのスペースを要チェック！

### ◎玄関土間
玄関は外と内の出入り口で、人が何度も通過する場所。最近はスペースが狭くなる傾向に。

### ◎インテリア
玄関はその家の顔。それだけに、家全体の運気にも大きく影響します。

### ◎玄関ホール
靴を脱いで上がる場所が玄関ホール。どんなものが置いてあるかがチェックポイントです。

### ◎靴収納
増えてしまいがちな靴は、収納の仕方も大切。定期的に確認しましょう。

### ◎照明
照明はどんなものをつかっていますか？　玄関照明の明るさもポイントです。

玄関は外から幸せが入ってくる場所。開運には欠かせないエリアです。

ただし、外からは幸せだけでなく、人と一緒に厄も入ってきてしまいます。

玄関は靴や傘など外出用のアイテムを置く場所でもあるので、まずはすっきりとした空間を保つことです。NG玄関だと、厄が玄関で増殖し、家の中が厄だらけになってしまうことも！

人間関係がうまくいかなかったり、最近ツキがないと感じることがあるなら、玄関のNGをチェックして、改善していきましょう。

明るい照明が「幸運ルーム」の秘訣
スペースに見合った花や観葉植物を
靴を出していいのは一人一足。あとは収納へ
スポーツグッズや宅配便の置き場にしない
土間とホールの高低差は10センチ以上ほしい

玄関土間

## 1　自転車やスーツケースなどを置く

玄関内に自転車やスーツケースなどをついつい置いていませんか？　大切な自転車は防犯上、家で保管したい方もいるでしょう。でもこれはNG。外の厄を持ち込み、つかう人の運気を落としてしまうからです。玄関の土間は出来るだけ広くつかい、そうじがしやすい状態を維持すること。玄関内にしか置き場所がない場合は、なるべく一日に一度は外に出し、玄関のそうじをしてください。

玄関土間

## 2　玄関内のスポーツグッズはけがの元

玄関にゴルフクラブやラケットなどのスポーツグッズが置いてあると、仕事や勉強に身が入らず、スポーツや遊びのことで頭がいっぱいになってしまいます。また、玄関にスポーツグッズを置いていると、スポーツ中にけがや事故が起こる恐れもあります。

スポーツグッズは自分の部屋に移動させるか、男性なら東側や東北側、女性なら東側や東南側に置くようにするとよいでしょう。

玄関土間

## 3 土間に靴がたくさん出ている

外で人や持ちものなどについた厄は、家に帰ってきたとき、まず玄関の土間に落ちます。ここで落ちた厄を、毎日、土間の水拭きをして取り除くのが運気アップの開運風水。

そこで土間には極力何も置かないことです。靴はきれいなものであっても、土間に置くのは、一人一足にとどめましょう。残りは、靴収納へしまう癖をつけることです。

玄関土間

## 4 玄関の中の傘立ては？

傘立てが玄関内にあると湿気を家の中に持ち込むことになり、よいとは言えません。傘立ては、玄関内の土間ではなく外に置くほうがよいでしょう。外に置くスペースがなければ、せめて玄関をそうじするときだけでも一日に一回は傘立てを外に出し、玄関土間をすみずみまで、まんべんなく水拭きしてください。

インテリア

## 5 玄関ドアノブが汚れている

家に入るとき、または出るとき、まず最初に触るのがドアノブです。コロナ禍以降は、注意を払う人も増えたかもしれませんが、ドアノブは思っている以上に汚れています。手の脂だけでなく厄もついているでしょう。玄関ドアやドアノブは気づいたら水拭きする習慣をつけましょう。

インテリア

## 6 玄関ミラーのかけ方は要注意!

鏡は悪運をはね返し、よい運気を引き寄せてくれるアイテムですが、鏡は玄関の正面を避けて。幸運が逃げてしまいます。入って左側か右側にかけるようにしましょう。左側は金運、右側だと名誉や地位が上がります。

インテリア

## 7 玄関ドアに飾りものは逆効果

リースや正月飾りなどを玄関のドアにかけていると華やかにみえますが、実はこれ、NGなのです。幸運は玄関を通ってやってくるので、玄関のドアにものがかかっていると、幸運が入ってきづらくなってしまいます。外側でも内側でも、玄関ドアにものをかけてはいけません。**ただし脇の壁に飾るのはOKです。**

インテリア

## 8 北玄関で日当たりが悪い

明るい南側にリビングなどを。暗い北側に玄関を配置する間取りは多くみられます。北玄関が悪いということではないのですが、北玄関の場合は、ラッキーゾーン（龍脈）が家の中心までになります（19ページ参照）。

「幸運ルーム」を目指すなら、ラッキーゾーンはきれいにして、玄関には盛り塩をドアの両側に置いてお清めしましょう。盛り塩は、1週間を目安に交換してください。つかい終わった塩は、入浴のときにつかうなどしてください。

インテリア

## 9 枯れたままの花やドライフラワーがある

花や観葉植物は、難を隠し幸運を引き寄せるラッキーアイテムですが、玄関とつり合いがとれないほど大きな植物を置いたり、枯れた花や植物をそのままにしておくのはＮＧ。

花を飾るのは、花そのものが運気をキャッチするだけでなく、花の水を替えたり花の具合をみるなどの、〝住人が玄関の状態に気を向ける〟という点にツキアップのポイントがあるのです。

ピンク、白、黄色の花はよい人間関係を呼びます。ドライフラワーを置くのはおすすめできません。生花が難しい場合は、プリザーブドフラワーならよいでしょう。

玄関ホール

## 10 ペットのトイレやえさ場が置いてある

玄関は幸運の入り口ですから、犬や猫などペットのトイレやえさ場を置くのはＮＧ。

玄関以外でも、家の中心付近や鬼門（東北、南西）方位もおすすめできません。ペットのトイレ置き場やえさ場に吉の方位はないのですが、**東や東南、北西なら、ダメージが軽減されます。**

玄関ホール

## 11 荷物やゴミが置きっぱなし

翌朝のゴミ出しのために一晩玄関にゴミ袋を置いておくのは避けてください。また、宅配物などをいつまでも玄関に置いておくのもＮＧ。

**「玄関は広くきれいにつかう」を基本に暮らしましょう。**

玄関ホール

## 12 玄関とリビングが一体型で仕切りがない

空間を広くみせるために、玄関とリビングが一体型になっている住まいも増えてきました。玄関を開けるとプライベート空間が広がるイメージで、部屋が広くみえますし人気もあるようです。

でも玄関は外部の気と内部の気を中和する関所の機能もあります。ですから本来は玄関ホールで仕切るべきなのです。

そのような空間が取れない場合は、低めの家具で仕切るか、玄関を入ったときにすべてを見通せないような仕切り壁代わりに、観葉植物などで目線を隠すようにするといいでしょう。

玄関ホール

## 13 玄関マットがない

玄関土間とホールの高低差があまりない（約10センチ以下）玄関の場合は、ほこりや厄が玄関ホールに上がってきやすいので、玄関にはラベンダー色や方位にあったカラーやその年のラッキーカラーのマットを敷きましょう。ただし、玄関ホールが狭くて土間とホールの高低差があって厄を土間にとどめられるなら、狭い空間に無理に玄関マットを敷く必要はありません。

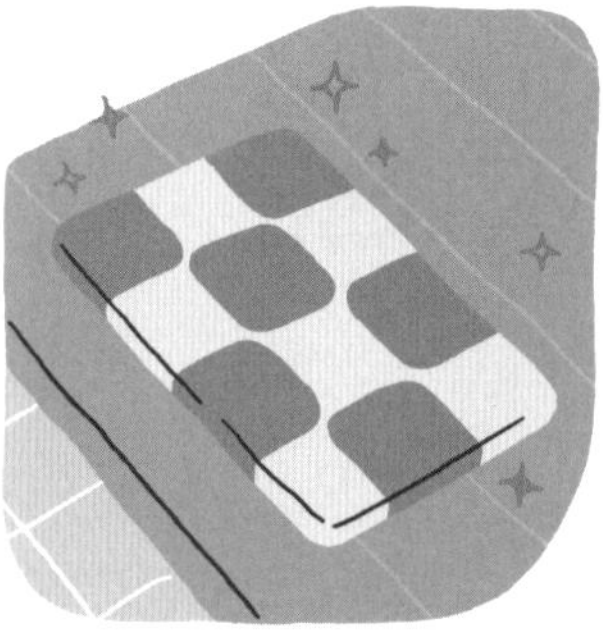

靴収納

## 14 靴箱の中で悪臭がする

玄関の靴箱の中が汚れていたり、悪臭がしているのはＮＧ。ものが多いと悪臭がしやすく、整理もできません。

中のものを減らしてから靴箱の中に消臭剤を置き、靴も手入れをするなど、ひと手間かけてからしまいましょう。

靴収納

## 15 靴収納が足りない

下駄箱は作り付けのものが多いですが、中には靴収納が全然足りないという場合もでてくるでしょう。ついつい靴を出しっぱなしにしがちですが、そういう場合も靴がむき出しではないほうがいいので、別途、靴入れを置きましょう。

靴収納ラックは縦型や横型のものなど、いろいろなデザインのものがでており、靴収納のお悩みを解決してくれるアイテムです。厄落としのためには**棚板の上に白い紙を敷いておく**といいでしょう。

色も方位にあったカラーを選ぶと運気アップにつながります。また、土間やホール以外に置く場合は**消臭剤でにおいをシャットアウトしておくこと**を習慣にしてください。

照明

16

## 照明があっても暗い玄関

　玄関の照明を落としたり、暗めにしている玄関がありますが、雰囲気重視であったり、節電に励むあまり、運まで節約してはいけません。

　玄関は「幸運の入り口」です。ここが暗いと幸運が素通りしてしまいますよ。

　それだけでなく、玄関が暗いと段差でつまずいたり、玄関に入ったとたんに気分が暗くなることもあります。

　玄関内に限らず、玄関前のポーチやアプローチも幸運の通り道になりますから、運気を呼び寄せるためにも空間全体を明るくしてください。

## 玄関が「幸運ルーム」になる開運ポイント

| | |
|---|---|
| **玄関土間** | ワンルームや1K、1DKだと玄関の土間はそんなに広くないはず。そこに靴が散乱していたり、傘立てがあったりすると幸運がみるみる遠ざかります。傘立てを置く場合は傘の水分を取ってから傘立てに。傘立ては一時外に出して、一日一回玄関土間は水拭きをして土間に落ちた厄を拭きとること。 |
| **インテリア** | 小皿に10グラムぐらいの盛り塩を置き、玄関から入る厄をストップさせます。赤くて丸いものや、その年の干支の置物は幸運を呼びます。収納スペースがないからと玄関ドアにマグネット収納を取り付けるのはいけません。狭い玄関には光沢を取り入れること。光沢が将来を作ります。 |
| **玄関ホール** | 玄関土間とホールの段差は20センチぐらいが理想。段差がないと玄関土間に落ちた厄が室内に入り込むため。段差がない玄関は玄関マットを敷きましょう。ラベンダー色や玄関の方位にあった色をつかいます。観葉植物を置きたいところですが、スペースがなければグリーン系のマットでもいいですね。 |
| **靴収納** | 玄関土間には靴は本来、家族の人数分。ひとり暮らしなら1足。その他は靴箱に入れたり、箱などに入れて保管しておきましょう。靴箱は靴がむき出しではないほうがいいのですが、狭い玄関なら靴入れがあるだけでもいいのでむき出しのラックでもOK。棚板の上に白い紙を敷いておくといいでしょう。 |
| **照明** | 玄関が暗いと幸運が入ってきません。できるだけ明るくしましょう。幸運の入り口だと考えると、あなたが通るときだけでなく始終明るくしたいもの。電気代を気にせずに。玄関外の照明も明るいほうがいいでしょう。電球が切れそうでチカチカ点滅しているのはNG。 |

# キッチン

Kitchen

火と水をつかうキッチンは
金運や女性の運に影響します。
4つのスペースを要チェック！

### ◎調理スペース

調理スペースに出ていてはいけないものがないかをチェック！

### ◎冷蔵庫まわり

日に何度も開け閉めをする冷蔵庫は運気にも大きく影響します。

### ◎インテリア

便利そうにみえて実は運を落としているものもあります。

### ◎収納

キッチンは、毎日の食材、調理器具や調理家電と収納にも気をつかう場所。コツがいります。

キッチンは毎日の食事を作り、口から運を補給する場所。食べたり飲んだりが楽しければ、毎日充実した喜びに満たされ、幸せも実感できるはず。

ただキッチンは、水や火をつかう場所というだけでなく、調理の油や食材の生ゴミ、食べた後の食器など、家に与えるNGもたくさんあるためケアが必要です。

キッチンは金運と女性の運気を下げてしまう場所なので、知らず知らずにインテリアでツキを落としていないかをチェックしましょう。

金属類はむき出し、置きっぱなしにしない
メモ置き場にしない！　火の気のものは要注意
湿気に注意。収納するものは厳選して
フロアの汚れは、部屋全体に厄が広がります

調理スペース

## 1 コンロ付近に油はねガードを置いている

油はねガードは便利ですが、ガードがあることで安心してしまい、汚れに対する意識が低下しがち。しかも、汚れた油はねガードがあるのは壁が汚れているのと一緒。

ガードを置かず、調理をした直後にコンロの周辺の壁をさっと拭くようにしましょう。ついて間もない汚れは落ちやすいものです。

調理スペース

## 2 エプロンなしで調理している

調理や炊事をするときのエプロンは、服を汚さないためだけでなく、調理のときに受ける、火気や水気の凶作用から体を守ってくれるためのものです。

また、エプロンをして調理をすれば気持ちもおだやかになれるはず。

ただし、食べるときにはエプロンは外して席につきましょう。

調理スペース

## 3 包丁など金属類が出しっぱなし

**金属製のものには「大地の気が宿り、心を鎮める力がある」**と風水では考えます。そのため金属製の刃物である包丁がしまわれていないと気持ちが鎮まらず、イライラして気持ちも不安定になりがち。

また勘が鈍るため、調理の意欲が下がったり、時間がかかりすぎたり、味つけを失敗することが増えるでしょう。

包丁は、**つかい終わったらすぐに所定の場所に収納しておきましょう。**包丁に限らず、キッチンでつかう金属製のものは出しっぱなしにしないことです。

冷蔵庫まわり

## 4 冷蔵庫の上に電子レンジ類をのせている

冷蔵庫からは水の気、電子レンジからは火の気が出ています。そんな火と水を重ねれば、反発し合ってトラブルが起こりやすくなり、人間関係のトラブルになったり、イライラがつのって買い物やお酒などに逃げてしまうことも。どうしても冷蔵庫の上にしか電子レンジやトースターを置けないなら、間に12ミリ以上の厚さの板をはさんでください。

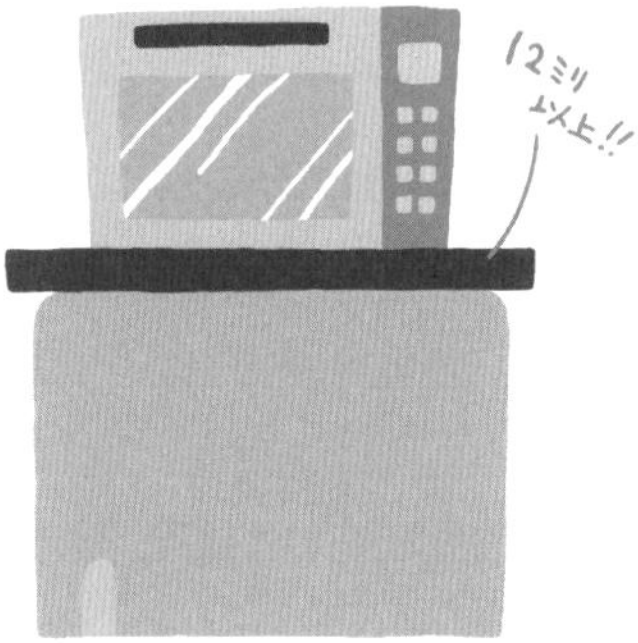


冷蔵庫まわり

## 5 食品で冷蔵庫があふれている

庫内がすっきりとした冷蔵庫なら、食品のひとつひとつに十分な幸運が行き渡りますが、食品であふれた冷蔵庫には幸運が行き渡りません。

　とくに、賞味期限切れのものや手をつけられていないものが入ったままになっているのはＮＧです。

もともと冷蔵庫は、一時的に食品を保管するための道具。冷蔵庫の中で手をつけられずに食品が傷んでいくのは運気ダウンの元です。庫内の食品の状態に気を配り、すっきりときれいな冷蔵庫を維持しましょう。

冷蔵庫まわり

## 6 冷蔵庫の扉にメモなどを貼っている

玄関ドアと同様に冷蔵庫の扉にも、ものを貼ってはいけません。冷蔵庫も扉を通して中の食品に幸運が運ばれます。

マグネットでメモなどを貼っておくのは確かに便利ですが、幸運の通り道を遮断することになります。冷蔵庫の扉には何も貼らないこと。どうしても貼りたいなら、冷蔵庫の側面にしましょう。

インテリア

## 7 大きなゴミ箱を置いている

大きなゴミ箱があると、たくさんのゴミが長時間キッチン内にとどまることになってしまいます。また、ゴミ袋を床に置いてゴミ箱代わりにするのは部屋が厄まみれになっているのと同じ。

キッチンのゴミ箱は小さめでフタつきのものをつかい、こまめにゴミ出しをしてください。

インテリア

## 8 キッチンマットが汚れている

床が汚れやすいキッチンではマットが必要。しかし、キッチンマットについた汚れをそのままにしていると、金運や人間関係での運気がダウンします。

マットはこまめに洗濯し、太陽に当てて干したものをつかいましょう。

インテリア

## 9 普段つかう食器がいつも同じ

毎日、ほぼ同じ食器をつかって食事をしていては、食事がマンネリ気味になり、運が成長しません。さまざまな器をつかい、食事を楽しんでください。例えば、プレゼントや引き出物などでいただいた器を箱に入れてしまっておかないで、出してどんどんつかいましょう。よいものこそ、今、自分でつかって、器から運をもらいましょう。

収納

## 10 調理器具の「みせる収納」

キッチンの壁面に並べてかけるような、「みせる収納」、壁面収納はキッチングッズや調味料に汚れや油がつきやすく、おすすめはできませんが、ワンルームなどで収納スペースが少ない場合は壁面収納でみせる収納も悪くはありません。

ただしきちんと収納してあり、まめに使用しているならの話。キッチンと相性のよい色、その年のラッキーカラーをつかっているとよりいいですね。使用後は速やかに所定の場所にしまいましょう。

収納

## 11 シンク下の収納が臭う

シンク下の収納は湿気や臭いがこもりやすいので換気を十分にして、食品、とくにお米はしまわないこと。格の高い食料であるお米は、火や水の近くに置くと強いダメージを受けてしまいます。置くなら、湿気の影響を受けにくい調理器具や、そうじ用具などがいいでしょう。

収納

## 12 キッチンの戸棚に財布をしまっている

キッチンは「お金」に影響するスペースですが、ここに財布を置くのはNG。キッチンには陽のパワーがあり、消費を促すところですから、財布を置くとお金が落ち着かず出費が多くなります。財布は落ち着いた、静かなところに置きましょう。財布以外でも、お金に関するものはキッチンに置かないようにしてください。

収納

13

## 大量の飲み物を保管している

いざというときの防災用も兼ねたペットボトルの水や、大量のお酒を常備するときは方位に注意してください。

大量の水分は置き場所に注意が必要となります。家の中心からみて南方位や、レンジやコンロなどのキッチンの火気の近くに置いてはいけません。ここに置くと喧嘩が増えたり、イライラがつのるようになります。

まとまった量で20リットルを超える水は、暗くて涼しいところや、北方位、東方位に保管してください。心当たりがある場合は、移動しましょう。

## キッチンが「幸運ルーム」になる開運ポイント

**調理スペース**

調理スペースにはものをできるだけ置かず、広く使用すること。食器なども食器棚があるならなるだけ出しっぱなしにしないことですが、食器棚がなければその都度洗って調理スペースでも冷蔵庫上でも置けるところに置いておきましょう。キッチンで大事なのは床。キッチンの床はこまめな水拭きが大切です。

**冷蔵庫まわり**

冷蔵庫の側面にマグネットを取り付けるのはOKです。冷蔵庫上には電子レンジやオーブンレンジ以外のもの、例えば調味料や食器置き場などにするのもいいでしょう。火難除けの御札をお祀りしたり、ハーブやミニ観葉植物を置くのもいいですね。

**インテリア**

キッチンには財布を置いておかないこと。一時的に置くのもよくありません。キッチンは活力と金運、健康運を養うスペースですから、少し明るい雰囲気にします。照明を明るくしたり、明るい色のキッチングッズをつかったり、調理をするときには音楽をかけたり、歌を歌いながらするといいですね。

**収納**

毎日の食材、食器、調理家電、調理器具、調味料、保存食、生ゴミなどキッチンでは大量のものを扱います。運を下げないように、それぞれの収納場所を決めて、つかい終わったら元に戻す、というルーティンを徹底しましょう。

Toilet

# トイレ

トイレは厄がたまりやすく
健康面へのダメージが大きい空間。
4つの項目を要チェック！

トイレは汚れがつきやすく、空気も滞りがち。

水の気が強く、汚物を扱う場所であることから、風水的には、トイレはどこにあってもダメージになるとされています。

そのため、トイレのＮＧがたくさんあると健康面や精神面に悪影響を及ぼします。

体調が悪い、根気がない、大事なときに病気になる、医療費がかかりすぎる……などということがあるようならトイレのＮＧをチェックしてみましょう。

### ◎床

トイレの床の状態は厄落としとも関係しています。

### ◎壁面

壁に囲まれた狭い空間だけに、壁の使い方は要チェックです。

### ◎そうじ道具

清潔にしておきたいトイレでそうじ道具が意外なNGに!?

### ◎ストック

つかい勝手優先が、実は運気をダウンさせていることも。

カレンダーは貼らない
ストックするものは最小限に
床は常にきれいに保つ
なるべく隠す収納を心掛けて

## こうすれば解決！　トイレNG！　10のポイント

床

### 1 トイレ用スリッパがない

マットを敷いていてもトイレ専用のスリッパは必要です。トイレは厄がたまりやすい空間。スリッパをはかずにトイレに入ると、足の裏についたトイレの厄を他の部屋にまき散らすことになります。きちんとそうじをしていればマットはなくてもかまいませんが、スリッパは必須。その年のラッキーカラーや方位のカラー（20ページ参照）、ラベンダー色のスリッパをつかいましょう。

床

### 2 床が汚れている

トイレの床はきれいにみえても汚れており、厄も落ちています。トイレは自身の健康運を左右する場所。体の健康だけでなく、精神的な健康やここ一番のときの健康状態にも影響が……。こまめにそうじをし、便器だけでなく床も水拭きすること。それで元気に働くことができ、ひいては金運にも影響します。

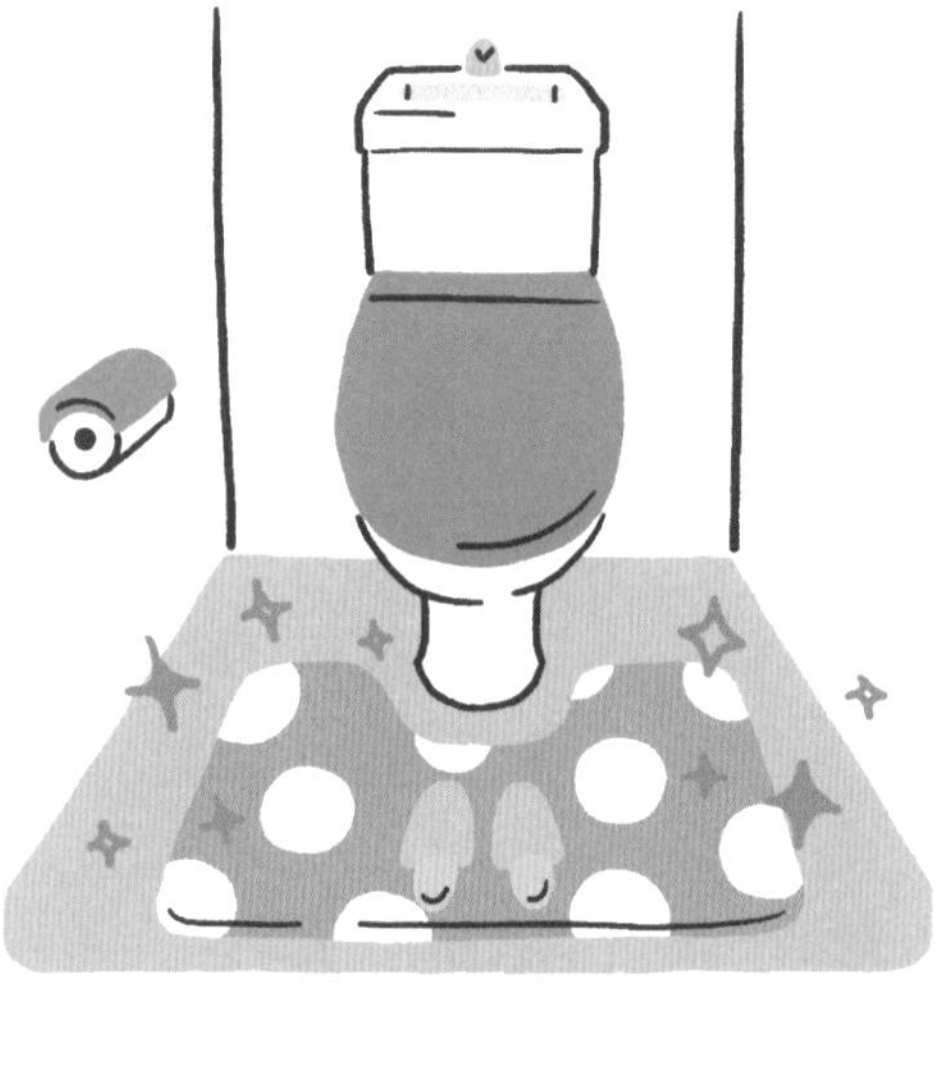

床

## 3 トイレ内に本や雑誌の置き場を作る

トイレで本や雑誌を読むのは厳禁です。

本や雑誌を読むことでトイレで長居をしがちになりますし、トイレは厄落としの空間ですから、ここで考えたりひらめいたことは、運のよいアイデアにはなりにくいのです。

たとえ本や雑誌からよい情報を得たとしても、そこがトイレでは、あなたにとって運のよい情報にはなりません。トイレで本や雑誌、携帯電話をみたり、考えごとをするのはやめましょう。

壁面

## 4 トイレに自分や家族の写真を貼る

自分や恋人、友人、家族、ペットが写った写真を、トイレ内の壁に飾ったり貼ったりするのはNG。健康運を下げてしまいます。ダメージを強く受けると、けがや病気が多くなったり、大事なときに体調不良で力が発揮できない、ということが起こりがち。トイレに人物などの写真を飾るのはやめましょう。

壁面

## 5 トイレ内にカレンダーを貼る

トイレ内にカレンダーを貼るのは便利そうですが、厄落とし空間であるトイレで確認したスケジュールやひらめいた計画はよいものにはなりません。用を足し終えたら速やかに外に出ることがいちばんです。植物の絵などは空間を癒すので問題ありません。

壁面

## 6 トイレに窓がない

ワンルームなどマンションでは窓がない場合が多いもの。窓がないトイレではラベンダー色のグッズをつかいましょう。ラベンダー色には厄落としの作

用があり、厄が充満する無窓のトイレには必須です。窓があるなら防犯を考えたうえで少しだけ窓を開け、外の気を取り入れること。窓がないなら換気扇を回して換気を徹底してください。

## そうじ道具 7
## 目につくところにそうじ道具がある

トイレは厄落としの空間なので、できるだけ余分なものを置いておかないようにすれば、ダメージを減らすことができます。そのため、トイレブラシや洗剤などのそうじ道具も、他に場所があるならトイレ以外に置くか、またはトイレ内に収納スペースがあるならその中にしまいましょう。

トイレ内にどうしてもそうじ道具を置いておかなければならない場合は、**そうじ道具がなるべくみえないように、観葉植物などで隠すとよいでしょう。**

## そうじ道具 8
## においの強すぎる消臭剤をつかっている

トイレは悪臭が出やすい場所。悪臭はもちろん運気ダウンの原因になります。そこで、悪臭を抑える対策が必要です。換気扇を常時つけたままにしたり、

防犯面で問題がなければ窓を少し開けておくのもよいでしょう。

また、消臭剤や芳香剤をつかうのもＯＫですが、香りが強すぎるものは逆効果になってしまうので気をつけてください。風水では急激な変化を嫌うためです。強すぎる香りは避け、ほのかに香る程度のものをつかいましょう。

## ストック 9　タオルをトイレ内にストックする

洗濯したタオルをトイレ内に保管すると、つかう前にトイレの厄がタオルについてしまいＮＧ。また他の場所用のタオルと兼用するのもいけません。トイレ専用のタオルを。ストックするなら1枚まで。その他はトイレ以外の空間にしまいましょう。

## ストック 10　大量のトイレットペーパーを置く

タオルと同様、トイレ内にトイレットペーパーをたくさん置いておくのはＮＧ。トイレットペーパーに厄というマイナスパワーが染み込んでしまいます。1〜2個程度を予備に置いておくのはかまいませんが、それ以上置いておくのはやめましょう。

## トイレが「幸運ルーム」になる開運ポイント

**床**

厄は床に落ちます。もちろんトイレもそう。トイレの床の水拭きはできれば毎日寝る前にさっとでいいのでしてください。トイレには専用のスリッパを置いて床の厄を直接踏むことがないように。

**壁面**

窓際や棚に置くとよいのは盛り塩や小さな観葉植物。植物は生の植物がベストですが、フェイクでもOK。ただしパワーは生の植物より劣ります。芳香剤は香りが強すぎるものを避け、金運アップならオレンジやグレープフルーツなどさわやかな柑橘系のものを。健康運ならひのきやミント、ハーブなど自然の香りが吉。人間関係には甘いフローラル系の香りやフルーティな香りがおすすめ。

**そうじ道具**

トイレ内にそうじグッズをむき出しにしておくと悩みが増えます。狭くてそうじ道具を置くスペースがないなら便器の裏などの目立たない場所に置いたり、観葉植物でそうじグッズを目隠しするといいでしょう。光沢のあるものをうまく使うことで厄をはね返すことができますから、そうじ道具にも光沢を取り入れてください。

**ストック**

トイレットペーパーのストックを大量にトイレ内に置かず、必要な分1個か2個にします。トイレでつかうタオルも何枚も保管せず、1枚だけにしましょう。

# 浴室・洗面所

Bathroom・Washroom

## 浴室で厄落としができないと
## 愛情面でのトラブルに！
## 洗面所の使い方も要チェック

浴室はリラックス空間であり、入浴することで厄を落とせる大切な場所です。

　しかし、大量の水をつかい、またお湯を沸かすのに火もつかうため、水と火の気で生じるダメージの大きい場所でもあります。

　上手に厄を落とせる空間なら運は上がりますが、ＮＧな環境だと愛情面や人間関係、夫婦の問題でトラブルになりがち。

　洗面所の使い方も含めて、チェックしましょう。

### ◎浴槽

入浴後の浴槽内の状態を確認してみましょう。

### ◎水栓まわり

湿気がこもりやすい浴槽内の状態をチェック!

### ◎バスグッズ

浴室内でつかっているものにも気を配ってください。

### ◎排水

たくさんの水をつかうので流れが滞らないことがポイント。

### ◎洗面所

洗濯、洗顔、メイクのルーティンが思わぬ運気ダウンに。

湿気をためないように
残り湯はためない
バスグッズの置き方にも工夫を
こまめにそうじを

# 浴室・洗面所NG！　12のポイント

浴槽

## 1 残り湯をためている

入浴後の湯船には体から落ちた厄が溶け出しています。そのお湯を沸かし直して次の日につかったり洗濯につかうのは、落とした厄を再び体につけることになりＮＧ。

どうしても洗濯につかいたいのなら、粗塩を残り湯に少しだけ入れてから、その日のうちに洗濯槽にお湯を移しておくようにしましょう。

浴槽

## 2 シャワーだけで浴槽をつかわない

夏場などついついシャワーで済ませてしまうことがあると思いますが、入浴することで体のすみずみについた厄を落とすことができます。浴槽に浸かる習慣をつけましょう。

水栓まわり

## 3 シャワーヘッドや蛇口が汚れている

蛇口やシャワーヘッドの金属部分は水あかがつきやすく、厄もそこからたまっていきます。「汚れた蛇口からは厄のついた水が出てくる」と考えられているため、汚れや曇りを放置すると、厄で汚れた水を入浴やシャワーにつかうことになります。

つかったあとのカランやシャワーはしっかりと締めたあと、金属部分の水分をきちんと拭き取っておきましょう。

水栓まわり

## 4 鏡が曇っている

浴室内の鏡は水滴や水あかがつくため、汚れて曇りやすいものです。しかし、浴室内の鏡が曇って輝きが鈍ると、才能や美貌がダウンしたり、知らず知らずのうちに太ってしまいがちなので要注意。

水滴や水あかは、毎回の入浴後すぐに拭き取っておけば、汚れや曇りとなって残ることはありません。面倒でも、浴室を出る前に鏡をさっとひと拭きしてください。

バスグッズ

## 5 バスグッズなどが古い

浴室は疲れだけでなく、厄を落とす場所でもあります。厄が落ちるとリラックスできますし、リラックスできれば厄が落ちます。しかし、浴室がリラックスできない環境だと厄を落としきれません。その原因は、例えば、バスグッズやタオルが古くなっていたり、換気が悪かったり、そうじが不十分だったりすることにあります。思い当たるようなら、ラベンダー色のバスグッズを新調したり

盛り塩を置いてそうじをし、厄を落としやすくする環境を作りましょう。

バスグッズ

### 6 シャンプー類を浴室に置いている

シャンプーや石けんなどは、浴室内に保管するのではなく、洗面所などに置いて、つかうときにだけ浴室に持って入る、というのがベストな方法。温泉に行くときのようなつかい方がおすすめです。床に直置きするのもよくありません。

浴室内に置いておきたいという場合は、お風呂場内の棚やラックなどを使用して、壁にかけたりして浮かせる収納にしてください。

バスグッズ

### 7 小さくなった石けんをつかっている

浴室や洗面所でつかうものは、できるだけ短い間隔で新しいものに交換するのが理想。また、きれいに浴室をそうじしたあと、つかっていた石けんをひとまず脇によけ、新しい石けんをおろします。それで環境が一新されたことになり、そうじ効果も高まるという、風水の裏技もあります。

排水

### 8 排水口から悪臭がする

排水口から悪臭がするのは水の流れが悪いため。きちんと流されなかった厄が浴室内にとどまると、家全体のパワーがダウンします。排水口は常にきれいな状態を保ちましょう。

洗面所

## 9 バスマットを敷かない

バスマットには、浴室の水の気が他の部屋にまで流れていかないようにする、という大事な役割がありますから、必ず敷くようにしてください。ただし、敷きっぱなしはNG。乾いたマットをつかうのが厄をとどめるポイントなので、濡れたらこまめに取り替えることが大切です。

洗面所

## 10 洗面台下の収納スペースにものを詰め込む

「収納は陰のスペース」と風水では考えます。もちろん洗面台下の収納スペースも例外ではありません。洗面台下の収納に、洗剤やそうじ道具、さまざまなストックやこまごましたものを、ぎっしり詰め込んでしまうと、陰のパワーが増えてしまいます。

収納はスカスカの状態がいちばん。一般的には、隙間なく多くのものを詰め込む機能的な収納法が好まれますが、できるだけものは少ないほうが、風水的にはよいのです。

洗面所

## 11 洗濯した衣類を洗濯機内に放置する

洗濯が終わっているのに洗濯槽に衣類が入ったままというのはＮＧ。洗濯物はできるだけ早く干しましょう。湿気を呼ぶものはその場所の気を落とします。住まいには湿気を呼ばない工夫が必要です。

洗面所

## 12 洗面所でメイクをする

洗面所の大きな鏡をつかってメイクをする方は意外と多く、また商品としても洗面化粧台というスタイルが一般的になりつつあります。

しかし洗面所は、浴室同様、厄落としの空間です。ここでメイクをすると厄がついた不幸顔が出来上がってしまいます。また、不運の貧乏神から愛されるようになります。

洗面所でメイクを落としたり、洗顔をするのはかまいませんが、メイクをするのは避けましょう。また、メイクグッズを置いておくのもよいとは言えません。

光沢がダメージを和らげるので鏡の手垢などの汚れはこまめに拭き、ピカピカにしましょう。鏡前にはピンク、グリーン、ゴールドのものを置いたり、この色のシール等を貼り、3色を取り入れること。鏡の前のあなたの顔が活き活きしてきます。

## 浴室・洗面所が「幸運ルーム」になる開運ポイント

| | |
|---|---|
| **浴槽** | ワンルームの場合、浴槽も小さく、ユニットバスでトイレと同一空間にある場合が多いもの。シャワーだけよりはお湯につかったほうが厄落とし効果は大。 |
| **水栓まわり** | 浴室、洗面所は広いほど、またここにお金をかけるほど家は開運空間になると言います。しかしワンルームなどの場合は浴室、洗面所が狭いケースが多いので水栓まわりなどにあまりものを置かないことが大切。すっきりしていることが開運のポイントです。 |
| **バスグッズ** | シャンプーやボディーソープは浴室の床に直置きしないこと。ベストは浴室内に置くのではなく、普段は洗面所、または他の空間に置いて使用するときだけ持って入る。浴室内に置くのであれば、お風呂場内の棚などに置きましょう。窓がない浴室、洗面所にはラベンダー色をつかいます。 |
| **排水** | 排水口は毛髪やぬめりを放置しないこと。分解して中のほうの毛髪や汚れもとるようにしましょう。悪臭や詰まりの原因になり、人間関係や金運や仕事運、学業運に影響します。無駄な出費が増える原因にも。また、浴室の床はシャワーをかけ、汚れと厄を流し、拭き取る習慣を。 |
| **洗面所** | 洗面所は床もポイントです。床に厄が落ちるので、洗面所の床は水で絞った雑巾やウエットシートなどで床の汚れと厄を流し、拭き取ってください。 |

# 寝室

Bedroom

寝室は幸運を吸収できる場所。
インテリアで運をダウンさせない、
4つの項目をチェック！

### ◎寝床

快眠環境で必要なのはやはり寝床の快適さ。運を邪魔しているのは？

### ◎インテリア

寝室にある意外なものが運気ダウンの原因になっています。

### ◎収納

収納の善し悪しのポイントを確認しましょう。

### ◎睡眠環境

当たり前と思っている睡眠習慣が実は運気ダウンのもとに。

寝室は寝ている間に幸運を吸収できる運の補給所。

よい眠りが得られる環境であれば、日々の活力も生まれ、仕事運や勉強運、全体運をアップさせます。

NGエリアではないので、厄をためないような、清潔でリラックスできる空間であれば大丈夫。

ただし、インテリアではNGポイントもあり、思わぬダメージから運を落としていることも……。

快眠と開運を妨げるNGをチェックしましょう。

大きな鏡は扱いに注意する！
パイプベッドは陰のパワーが強い！
睡眠を邪魔するアイテムは寝床には置かない
簡易ケースでの収納は風通しよく！

寝床

## 1 寝床の上に衣類が放置されている

寝床は寝るための場所で、衣類を置いておく場所ではありません。例えば、着ていたパジャマを寝床の上に脱ぎ捨てて出かけるのはＮＧ。

一時的に置いておくことがあったとしても、最終的に衣類はきちんと所定の場所に戻し、寝床の上はきれいな状態を保つように心がけましょう。そうすることで常に寝室が清浄な状態にリセットされます。

寝床

## 2 壁にぴったりベッドをつける

ベッドや布団の枕側の位置を壁にぴったりつける眠り方は、閉塞感と圧迫感があって厄が落ちにくく、寝ている間によい気を吸収できません。とくに頭の方は10センチぐらいでもいいので壁から離して、ベッドを置いたり、布団を敷きましょう。

また、カーテンとベッドカバーの柄はどちらも柄物にするより、カーテンが柄物ならベッドカバーは無地にするなど、陰陽のバランスを上手に取ると、空間が落ち着きます。

インテリア

## 3 天井の梁《はり》の下にベッドを置く

天井が傾斜した部分や梁の下に頭がくるようにベッドを置くのはNG。傾斜天井や梁の真下は気が落ち着かないため、ぐっすり眠ることができません。物理的にも傾斜天井や梁の下は空気の流れが変わりやすく、睡眠に悪影響がでるのです。もし寝室の天井全体が傾斜しているなら、できるだけ天井が高いほうに頭がくるようにベッドを置いてください。

また、ワンルームだとベットを置く場所が限られてきますが、**若い人なら東や南側で東枕や南枕をおすすめします。北枕でもいいでしょう。**

ベッドカバーや布団は大きな空間を占めるので色や柄は重要。**黒やグレー系は避けましょう。**ベッドの脇には明るい色のマットを敷き、朝起きたときにまずその色のマットに足をおろすようにできるといいですね。

インテリア

## 4 スチール製のベッドがある

スチールパイプ製のベッドは陰の気が強力です。陰の気が強いとぐっすり休めるように思いますが、実は逆。考えすぎてよく眠ることができません。陽のパワーがある木製のベッドなら、メリハリのある、よい睡眠がとれます。スチールパイプ製のベッドには、暖色系のリボンを結びつけるなどして陽のパワーをプラスしましょう。

インテリア

## 5 寝室にむき出しの大きな鏡がある

鏡は不運をはね返し、幸運を呼び込んでくれるアイテムですが、大きすぎる鏡が寝室にあるのはいけません。風水では極端をよしとしていないからです。むき出しにして置ける鏡の許容範囲は、1・5×1メートル以内のもの。それ以上の大きさの鏡があるなら、布で隠したり、鏡の前に観葉植物を置いてください。

また、寝室にドレッサーがあってメイクできるのが女性の運気アップになりますが、三面鏡は鏡の角度が変わることからNGアイテムです。

インテリア

### 6 たくさんのぬいぐるみがある

ぬいぐるみなどの布の製品には、ほこりやダニとともに厄もつきやすいもの。こまめに洗い、日に干し、厄を落とせればいいのですが、難しいでしょう。ぬいぐるみは大きめのものを1つ置くぐらいにとどめましょう。

インテリア

### 7 寝室にテレビやゲーム機、電話を置く

寝室にパワーのあるものが置いてあれば、運気アップになりますが、テレビやゲーム機、スマホなどが置いてあると、集中力が削がれ、眠りが浅くなります。また枕元に置くのは、その年の干支の置物や貴金属、光沢のあるものやゴールドカラーのものがいいでしょう。

不眠気味なら枕元にコップ1杯の水を置いて。

収納

### 8 3年以上着ていない服をとってある

風水ではものの寿命はだいたい1000日、3年と考えます。3年以上出番のない服やファッションアイテムはゴミと考えてもいいでしょう。1つ手に入れたら1つ処分する。この繰り返しで家の中はすっきりするはずです。また、こうすることで新しい気を呼ぶことができます。

収納

### 9 アクセサリー類がむき出し

ジュエリーやアクセサリーを壁面収納にしたりしていませんか。貴金属類は金運にも影響するもので、本来は暗く静かなところに収納するべきものなので

す。寝室は理想的ですね。宝石箱を1つはもっておくといいでしょう。置き場所は家の北や西方位がおすすめ。通帳や印鑑などの保管もこの方位がいいので、大事なものを収納する場所を確保しましょう。

収納

## 10 寝室内の収納がものであふれている

収納スペースにものが必要以上に入っていると、幸運が入り込めません。何が入っているかわからないぐらい詰め込まれた収納は論外ですが、きっちりきれいに隙間なく詰め込まれた収納も実はNG。風水では隙間がたっぷりある収納が開運の収納だと考えます。余計なものがあると身も心も重くなり、悩みが増えるだけ。収納スペースにものがあふれる人は何かにつけ迷いがち。開運のために価値があるものだけを残し、あとは思い切って処分しましょう。

収納

## 11 洋服を簡易ケースに入れている

簡易ケースは仮設テントのようなもの。そのまま収納していると、やがて洋服が持っているパワーが失われてしまいます。

また、クローゼットやタンスなどに簡易ケースを入れて収納している場合は、ときどき開けて風を通すようにして、パワーダウンを防ぎましょう。

睡眠習慣

## 12 畳の上の万年床

畳は湿度を調節するすぐれた仕上げ材。なので、畳の上に布団を敷きっぱなしにするのはNG。毎日布団の上げ下ろしをし、畳を風にさらしましょう。そうじもしやすいはずです。また、布団と畳の間にカーペットを敷くのはおすすめできません。

睡眠習慣

## 13 パジャマに着替えないで寝る

人は寝ているときに体から厄を吐き出し、幸運を吸収しています。パジャマはどんな素材であろうと、厄を吸収するパワーを持っています。パジャマではなく、スウェットやTシャツ、部屋着のままで寝る人もいますが、厄を吸収できないために厄が増え続け、どんどん体にたまってしまいます。

　パジャマも立派な開運アイテム。その年のラッキーカラーやラベンダー色なら厄落とし、健康が気になるならグリーン、彼氏がほしいなら縁を呼ぶピンク、金運がほしいなら黄色、仕事を頑張りたいなら赤を選ぶといいでしょう。

　寝るときは必ずパジャマを着るようにして、そのパジャマは毎日洗濯してきれいにしてください。

　また、ベッドにスマホを持ち込むのも睡眠に影響するのでＮＧです。

## 寝室が「幸運ルーム」になる開運ポイント

**寝床**

徳川家康は大広間の真ん中で寝ていたと言います。家の中心、部屋の中心に運気がもっとも集中することから、布団を敷くなら中心がベスト。寝る向きは若い人なら東や南。北向きは嫌われますが、金運によい寝方で、どの世代にもおすすめ。西向きは年配者向け。安眠できます。枕は大きめのものがよく、万年床ならぬ、万年枕カバーはNG。理想は毎日枕カバーとパジャマを洗濯することです。

**インテリア**

ワンルームなどでも寝室にほしいインテリアアイテムは、観葉植物、スタンドライトです。観葉植物は家のダメージを解消して運気を変えてくれるのはもちろん、寝ている間に癒しのパワーをもたらしてくれます。天井は照明１つだけでなく、スタンドライトを置くことでマンネリ化が避けられ、人生への楽しみが増えます。

**収納**

収納スペースは、中央やいちばん上にその年のラッキーカラーのものをかける、置くことがポイント。また開運収納にするには色の濃淡や長さに一定の法則をもたせることですが、向かって左に濃いものや長いものを置く収納法が風水的におすすめです。

**睡眠習慣**

睡眠には厄を落とし、運気を吸収する役割があります。部屋の中心にパワーが宿るため、部屋の中央で寝ることで、そのパワーを吸収できますよ。ただし、部屋に対して、斜めにベッドや布団を置いてはダメ。また、ベッドは１人で寝る場合でも、少なくともセミダブルが理想。寝室が広いほど出世すると風水では言いますから、部屋が狭いなら、せめて寝床を広くとり、枕も大きいものを選びましょう。

# リビング空間

Living Space

## リビング空間は
## 陰陽のバランスを保つこと。
## そのための4つの項目をチェック！

リビング空間は食事をしたり、くつろいだりするリラックススペース。

水や火をつかう場所ではないのでダメージは少なく、全体運や才能を発揮する運を育ててくれます。

しかし、汚れていたり居心地が悪い状態ではNG。

また、置いているインテリアが知らず知らずに運気ダウンの元になっていることもあります。

空間の陰陽のバランスがとれているか、そうじが行き届いていて清潔な環境か、などが主なチェックポイントになります。

### ◎家具

家具はリビングのイメージを決める大切なアイテムですが、実は意外なNGも。

### ◎情報家電・遊具類

パソコン、タブレット、ゲーム機などは置く場所を決めることでプラス効果も。

### ◎趣味のもの

自慢の品がダメージの原因にならないように注意！　とくに水槽には注意が必要。

### ◎インテリア

窓、ラグ、家具の配置にも以外なNGがあります。

窓にはカーテンを
取り付けて
テーブル・椅子は
統一感をもたせて
選ぶ
大量の水を置くの
は運気ダウンのも
と!
遊具類は東か南に
しまう習慣を!

## こうすれば解決！　リビング空間NG！　13のポイント

家具

### 1　ガラス製のテーブルをつかう

ガラスや石製のリビングテーブルは、陰の気が強力です。そのため、過去にとらわれたり、新しいことにチャレンジするエネルギーが奪われます。そういったテーブルがあるなら、ガラスや石の面にクロスをかけて、隠してつかいましょう。また、ガラスのテーブルで下部に飾り棚がついているタイプは、観葉植物などをガラスの下に置き、植物を強調するようにつかって、陰の気を緩和してください。

家具

### 2　家具を斜めに置く

ソファーやテーブルなどを部屋に対して斜めに置くと、部屋とその家具との間に不調和が生じ、バランスが崩れます。また、家具の角から凶意が発せられるとも考えます。すると人間関係が悪くなり、縁が円につながらないことから金運もダウンします。家具は壁と平行に置きましょう。

家具

## 3 ダイニングに円形のテーブルを置いている

ダイニングテーブルは四角形や八角形のしっかりしたタイプが吉で、円形のテーブルはNG。円形だと人の気が内に向いてしまい、外に働きかける力が弱くなり、社会性がなくなり、人間関係が寂しくなります。

カップルが2人だけの世界に浸りたい、というのならともかく、それ以外は他のタイプのテーブルを選びましょう。ただし、円形でも直径1・2メートル以上の大きさがあれば、内にこもる作用は出ません。

ダイニングテーブルはなるべく日当たりのいいところに置けるのが理想です。また、テーブルの素材も無垢材など素材にもこだわりたいですね。

家具

## 4 ソファーや椅子の素材やデザインがバラバラ

ソファーや椅子は、自分自身の存在感や居場所につながります。お気に入りの椅子を揃えたり、おしゃれな感じがするからと、別々のものを揃えると、持ち主の運気に影響が出ます。

異なる素材やデザインのものが同じ空間にあると、自分の足場が不安定になり、恋愛運や仕事運を落とすことになるのです。

まず**統一感を重視しましょう。**どんな雰囲気でまとめたいのか、そのうえで、同じデザインの色違いを楽しむと、統一感をキープしたまま、さまざまな運気を取り入れることができるので、望む運気アップに効果的です。また部屋が狭い場合、大きなものを置かないようにしましょう。

情報家電・遊具類

## 5 ゲーム機などが出しっぱなし

リビングのソファーなどでスマホをみたり、ゲーム機で遊んだりしたあと、出しっぱなしはNG。所定の位置を決めて収納するようにしましょう。

遊具類は日当たりがいい東や南の明るい場所に置くことで上達も早くなります。

情報家電・遊具類

## 6 西向きでテレビをみる、パソコンをつかう

テレビを西側に、ソファーを東側に置いて、西向きで生活すると、発展意欲がなくなります。テレビや音の出るものは、基本的に東か南側に置くことで、よい情報が得られます。逆に、西側にテレビがあると、テレビが唯一の娯楽になってしまうことも。また北側にテレビがあると、落ち着きがなくなります。

もし西にテレビがあるなら、テレビの脇に黄色と赤いカラーのものを置きましょう。

リビングでパソコンをつかう方も多いでしょう。パソコンはどちら向きにするか。北に顔を向けて仕事をすると落ち着いて根気よく仕事が進みます。東向きなら集中力がわき、短時間で終えられます。南向きだとよいアイデアが出て、企画力がアップ。西向きだと眠くなりそう。仕事や勉強にはあまりおすすめできません。

趣味のもの

## 7 大きな水槽を置く

人気のアクアリウム。リビングに熱帯魚などを飼う大きな水槽（20リットル以上の容量）を置くのはNGなのです。多量の水の気で、その方位の運気をダウンさせるので置き場所を選びましょう。また、水槽の水が汚れていると、運気全体に影響する大きなダメージとなることもあります。とくに、家の中心や西、南方位に置くことは避けましょう。

趣味のもの

## 8 観葉植物にほこりがついている

観葉植物は難を隠すラッキーアイテムですが、手間がかからないため、葉にほこりがついていることがよくあります。植物は気にかけてあげることでパワーを発揮してくれます。

インテリア

## 9 季節はずれのインテリア

風水はタイミングを大切にします。そのため、季節感を大事にし、季節の先取りをよしとしています。春になってもヒーターが出ているなど、季節にそぐわないアイテムが置いてあると、部屋のバランスが悪くなるため、季節に合ったもの、季節を少し先取りしたものをつかいましょう。

インテリア

## 10 モノトーンのインテリア

男性の部屋で好まれますが、モノトーンの家具が置かれたリビングは陰の気に強く傾いているため、才能を発見・発揮する力が弱くなります。また、人間関係や恋愛面でも発展がなくなります。現在、モノトーンのインテリアのリビングで暮らしているなら、絵や置物など、華やかな色づかいの小物を置いて、バランスをとるようにしましょう。

インテリア

## 11 カーテンが暗い 窓ガラスが汚れている

ワンルームだとリビングダイニング＝寝室となります。リビングダイニングと寝室ではその役割が違いますし、また本来、食事やくつろぎ空間には陽のパワーが、寝室には陰のパワーが必要となり、ワンルームには陰陽のパワーをどちらも取り入れなければいけません。でも難しいことを言っても実行するのが大変ですから、窓にはカーテンを取り付けること、そして防犯上問題なければときどき窓を開けて部屋に風を入れ、換気をすることを心掛けましょう。窓のカーテンの色が重要。黒やグレーではやる気がダウンしますからほかの色にしてください。

リビングは才能の発揮や開花にパワーを及ぼす空間。窓ガラスや鏡、時計や額縁の鏡面が汚れていると才能が鈍ります。ドアノブなどの金属部分も才能に影響するので、きれいに磨きましょう。

インテリア

## 12 窓を閉め切ったまま

風通しのよさは、家の中に幸運を巡らせる大きなポイントです。窓を閉め切っていると、部屋の中の気が動かなくなり幸運は停滞します。たとえ、空調で室温をコントロールしていても、換気と幸運を巡らせるために、意識して窓を開けましょう。

インテリア

## 13 畳の上にカーペットを敷く

畳につかわれているいぐさは湿度を調整し、心地よい状態を保つ優れた素材です。畳にはそれ自体に仕上げ材としての役割がありますから、上にカーペットを敷き詰めて、素材のよさを消してはいけません。

ただ、ソファーを置いた下など、一部であればカーペットを敷いても大丈夫です。フローリングの場合は畳よりはダメージが小さいので、ホットカーペットやいぐさカーペットなどをつかってもかまいません。しかし、できれば、カーペットは全面に敷き詰めるより一部でつかうほうが無難です。

## リビング空間が「幸運ルーム」になる開運ポイント

| | |
|---|---|
| **家具** | センスがいいからとガラスのテーブルをつかう場合がありますが、ガラスのテーブルには陰の気が強いため若い人がつかうには不向き。行動力ややる気がなくなります。木製のテーブルやデスクをつかいましょう。椅子は座面の色、クッションの色、ソファーなら色がポイント。黒やグレーは避けたほうがいいのですが、今つかっているならクッションやシートなどで明るい色をプラスしましょう。 |
| **情報家電・遊具類** | 遊具類は日当たりがいい場所、明るい場所、つまり東や南に置くとスポーツやゲームなど技術の上達が早くなります。パソコン、タブレットなどの情報家電は北、東、南側を向いてつかうといいでしょう。ぬいぐるみは色によって黄色なら西、赤なら東、グリーンなら南、ピンクやオレンジなら北側に置くことでそれが開運アイテムに。ただし、たくさん置きすぎると、運をとられてしまいます。 |
| **趣味のもの** | 「趣味を仕事にしたい」という夢があるなら家の中心付近に趣味のものを置きましょう。また推しを応援する推し活が趣味なら推しのアイテムは南や東側に置くと、それがあなたの活力のもとになります。推しの色があるのなら前述のように黄色なら西側に……といった活用法もあります。 |
| **インテリア** | カーテン、ソファー、椅子、テーブル、ラグなどは陰陽のバランスが大切です。木製など自然の素材や色のものには陽の気が宿りますし、金属、石、ガラスなどの素材は陰の気が強いのです。生花を飾ることで陽の気が補えますし、クッションカバーなどで明るい色を足すなどでも陰陽のバランスを整えることができます。 |

COLUMN 2

# 「幸運ルーム」をどんな部屋にしたい？

あなたが今ほしい運気は何ですか？
風水インテリアで部屋にその運気を注入しましょう。

## 金運アップのインテリア

金運には西、北、東北がポイント。家の西方位に花やフルーツなど黄色いものを、さらに北方位にはワインレッドのものや重厚な家具を、東北方位には白くて四角いものを置きます。キッチンには黄色のマットや器、盛り塩を置きましょう。

## 仕事運アップのインテリア

仕事には東、北西、南、南西の強化を。家の東方位に赤いものや音の出るものを置き、北西方位に白くて丸いものと仕事でつかうもの、観葉植物を、南西方位には観葉植物と茶系のもの、南側に窓があるなら窓を磨いて光沢のあるものを置きましょう。

## 勝負運アップのインテリア

家の北西方位にゴールド、オレンジ色、グリーンのものと白くて丸いものを置きます。南方位に窓があるなら磨き、ゴールドのものと一対の観葉植物を。家の中心に、黄色、ラベンダー色、ゴールドのものと勝負に関するものを置きましょう。

## 恋愛運アップのインテリア

家の東南方位に花や香りのよいもの、長いものを置き、ピンク、白、黄色、赤のものを置きます。北方位にはピンクやオレンジ色のもの、南西方位には観葉植物と黄色、赤、ベージュのもの、西方位にはピンクと黄色のものを置きましょう。

## 健康運アップのインテリア

健康運アップには家の東方位に赤い色のものを置き、キッチンにも赤い色のものを置きます。トイレには盛り塩をしてラベンダー色のものを置き、寝室にグリーンのものを置きます。さらに男性は東北方位、女性は南西方位に盛り塩をしておきましょう。

## 人気運アップのインテリア

家の南方位に一対の観葉植物とオレンジ色のもの、ガラス製品を置きます。さらに東南方位にピンクやストライプ柄のもの、香りのよいものを置き、玄関をきれいにそうじして、花と香りのよいもの、そして盛り塩を置きましょう。

第3章

# こんなときどうする？部屋や間取りのお悩み解決法

部屋の間取りは、すでに決まっているので、もし問題があったらどうしたらいいの？　と悩むこともあります。簡単にできる改善策を紹介しています。

Entrance

# 玄関のお悩み解決！

向きや収納で影響を受けやすい玄関。表札も大事なアイテムです！

玄関には外から入ってきた厄を落とす関所の役割があります。本来広い玄関が理想なのですが、今日の住宅事情では、玄関はコンパクトで、理想とかけ離れている場合も。玄関に置かれていて長い間つかわないものは思い切って処分するのも手です。玄関の方位も住人に影響が出るのでチェックを忘れずに。また、表札は家の顔なのでなしで済ませるのは風水的にNGです。

## 玄関が狭すぎて、物置と化しています。何から片づければいいの？

物置化している原因は、おそらく靴、傘、運動用品などが、収納力に対して多すぎるからでしょう。繰り返しますが、玄関たたきに出していい靴は一人一足です。それ以外はこまめに靴収納に納めてください。季節はずれの靴は衣類と同様に靴収納の衣替えもしましょう。また、靴を靴収納に入れる場合は、白い紙などを敷いて収納するようにしてください。

傘もついつい増えてしまうアイテムです。3年以上使わないものは、思い切って処分するといいでしょう。運動用品も本来は玄関に置くべきものではありません。運動中のけがにつながることもあるので、男性なら東側や東北側、女性なら東側や東南側に置くスペースを確保してください。

## 玄関の表札は必要ですか？

防犯上を気にしてか、表札をつけない方もいらっしゃいますが、表札は自分が「ここに住んでいますよ」というサイン。風水では表札は自己表現を意味します。荷物や郵便物の受取以外にも神様に自分の居場所を知ってもらうためでもあります。ですから表札はなるべく掲げるようにしましょう。

玄関ドアの脇や上に縦書きの表札をつけるのがおすすめ。西日が当たったり、日当たりの悪い玄関に住んでいる人は、転職のチャンスでつまずいたり、独立のチャンスをみつけにくくなります。自己表現できずにあなたのよさが伝わらないからです。心当たりがあるなら、表札をつけてください。

## 玄関の向きで運気は変わりますか？

はい、影響は出ますね。

若い人におすすめなのは、東と東南です。東南は「巽《たつみ》の玄関」といってだれもが好む吉相の玄関です。東玄関なら仕事運もアップ。南玄関は独立心を高め、北玄関は人間関係が寂しくなる傾向があります。南西は「裏鬼門」の玄関で、女性が強くなる玄関。西の玄関は楽しくマイペースで暮らしたい人向き。北西は「乾《いぬい》の玄関」といって財力や地位のある人にはいいのですが一般の人には重荷になる場合も。東北は「表鬼門」の玄関で、仕事面では移転や転勤が多くなります。

ご自分の玄関の方位を確かめてみましょう。どの玄関も入り口に盛り塩をすることで開運空間になります。

# キッチンのお悩み解決!

## ありがちなキッチン環境が意外なダメージにつながっています

キッチンは水と火をつかって食事を作るため、厄がたまりやすい場所です。間取りは変えられないことが多いので、どんな場合にダメージが出やすいのかを知っておくことが重要です。キッチンセットの配置、照明、収納、水場の対策など気を遣う場所がたくさんありますが、①火と水をつかう場所を仕切る、②換気と盛り塩をする、③こまめなそうじを心掛けることでダメージを和らげ、幸運ルームにすることができます。

### キッチンに窓がないのですが……

風水では、家の中の気が外気と同じであることをよしとするので、キッチンなどの水場には窓があるのが吉相。窓があると通気もよくなり、食べ物が傷む度合いも変わってきます。マンションやアパートでキッチンに窓がない場合、厄落とし効果の高いラベンダー色のアイテムや気を整える盛り塩をつかい、窓がないために起こる女性の運気ダウンや金運へのダメージを軽減させましょう。

## 大きな床下収納は問題ないですか？

キッチンに床下収納があると便利ですが、大きすぎるのはＮＧ。床に段差があると、そこで運気の流れが遮断されるからです。

90×90×深さ60センチぐらいの大きさになると、その方位の気を乱す危険があります。

床下収納に不要なものは入れず、そうじを心がけ、ときには扉を開けて中のものをチェックしたり、中に風を通しましょう。

「足元が汚れていると秘密がばれる」とも言いますよ。

## 光が入らず、キッチンが暗いです

日当たりの悪いキッチンや窓のないキッチンでは、照明を太陽の代わりにして陽の気を補う必要があります。日の当たらないキッチンほど、照明は明るいものをつかいましょう。調理や炊事のときには手元をしっかり照らしてくれるものでないと危険ですし、料理もおいしそうにみえません。

照明を明るくすることで、結婚運や恋愛運と食事から得られる運を高めることができるのです。

## キッチン内に洗濯機を置いているのですが……

キッチンは調理をする場所ですが、洗濯は衣類の汚れを落とすこと。目的が異なりますし、火と水の気がぶつかることで、その方位の気が大きく落ちてしまいます。

どうしてもキッチン以外に洗濯機の置き場がない、という場合は、壁や扉をつかってスペースを区切ったり、洗濯機まわりにカーテンなどをつけて、みえないようにしましょう。

そして、洗濯機の脇には必ず盛り塩を置いてください。

## 冷蔵庫を家の中心に置いているけどＯＫ？

冷蔵庫そのものは庫内の状態に問題がなければ水や火によるダメージはありませんが、冷蔵庫の置き場所には吉凶があります。

ＮＧなのは家の中心付近。中心に冷蔵庫があると冷蔵庫がその家の主になる、つまり、食事をすることが唯一の楽しみになり、太ってしまう恐れがあります。

中心付近にしか置けないなら、冷蔵庫の近くに盛り塩をしたり、観葉植物を置きましょう。

Toilet

# トイレのお悩み解決!

どこにあっても凶相になるだけに
それ以上の運気ダウンを避けましょう

トイレは人生の転機や健康に大きく影響を与えるスペースです。インテリアの善し悪しが人生にも影響を与えるのです。もともとトイレは吉相がないだけに、少しでもダメージを和らげるように、NGと言われることはなるべく避けて、清浄なスペースになるよう換気と照明に気をつけて、そうじを心掛けてください。

## ユニット式のトイレはよくないのですか?

ワンルームマンションなどでよくみられるタイプが、トイレと浴室、洗面台を組み込んだユニットバス。狭い空間に水場の要素を集めた分、残念ながらこのスタイルのトイレは風水的にはもっともダメージが大きく出てしまいます。窓がないのでラベンダー色のグッズは必須。そうじと盛り塩も忘れずに。そして、とくに換気を十分にしてください。

## 棚に収納してはダメですか?

トイレでは排泄とともに厄も落とします。そんな厄が漂う空間にタオルやトイレットペーパーなどを保管したなら、つかう以前に厄でいっぱいになってしまいます。大量に収納するのはやめましょう。予備のタオルも置いてはいけません。トイレットペーパーは1個か2個置いておく程度に。

もしトイレ内に扉つきの収納があって、みえない状態で保管できるならまだましですが、つっぱり棒や簡易の棚にむき出しで置いておくのはNGです。トイレは収納のためのスペースではない、と心得ましょう。

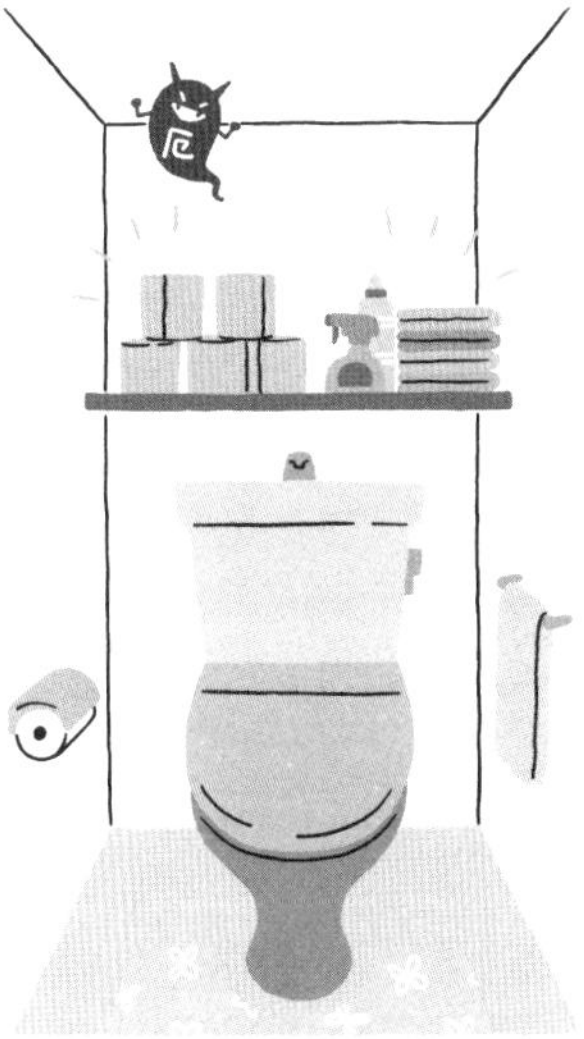

## トイレが暗い

トイレが暗いと健康状態を確かめられませんし、便器などが汚れていても気づかず、そうじを怠りがちになります。そのため、健康面の不調を感じることが多くなるでしょう。

トイレは、最低でも本が読めるぐらいの明るさが必要。実際にトイレで本を読むのはNGですが、明るさの基準として、その程度には照明を明るくする、と考えてください。

とくに窓のないトイレは照明の明るさが大切です。照明の位置について、通常は中央についていることが多いですが、便器の水にライトが映るような位置だと、仕事に集中できないなど派手な性格になってしまいます。

## トイレに窓がない場合は?

トイレに窓がないと、外気と同じ状態を保ちにくいことから凶相となります。

換気扇を常時オンにして強制換気をしましょう。窓のないトイレのダメージをかなり和らげることができます。

さらに、ラベンダー色のグッズと盛り塩をつかうこと。ラベンダー色はよどみを消し、厄を落とすカラーです。タオルやマット、スリッパや置物、花など、どんなものでも結構ですから、つかってください。

## 家の中心や鬼門にトイレがある

トイレはどこにあっても凶相ですが、とくに凶作用が大きく出るのは家の中心や東北と南西の鬼門方位です。トイレは便器の位置がポイント。便器が家の中心点から90センチ以内にあれば中心のトイレとみなします。健康面でのトラブルが重なるので、黄色とラベンダー色のグッズと盛り塩、そうじで防ぎましょう。

## 玄関入って突き当たりにトイレがある場合は？

玄関から入って突き当たりにトイレがある間取りもたまにありますが、これは残念ながら、凶相です。トイレはその昔、〝はばかり〟と言われ、ひと目をはばかる所です。玄関からみえることはよいとは言えません。

対策としては、布などをかけて、ワンクッション置くようにするといいのです。

また廊下の照明は明るくして、換気に気をつけましょう。

# 浴室・洗面所のお悩み解決！

## 色や素材、空間のつかい方で吉凶が大きく分かれる場所です

浴室は大量の水を扱う場所であるだけに、水の影響を受けやすいので、換気とそうじをこまめにして吉相になるように意識してください。恋愛にも大きく影響すると言われています。洗面所は浴室に比べて、ダメージは出にくいですが、気をつけたいのが、洗面所でのメイクです。不幸顔になってしまうのでやめましょう。

### 浴室も洗面所も狭いのですが……

厄落とし空間である浴室や洗面所が狭いのはＮＧ。洗面所が広いと女性がイライラせず、ストレスもたまりません。一般的に洗面所は狭く暗い空間になりがちですが、**できる限り洗面所の快適さを重視し、明るくきれいな空間にしましょう。**ただしメイクは他の場所ですること。不幸顔になってしまいますよ。

## モノトーンで統一された浴室

シックな黒やグレー系のモノトーンの浴室は避けたほうがいいですね。汚れが目立たなくていいと思われがちですが、逆に、目立たないために汚れを放置しやすく、前に向かうパワーがわいてきません。そこで、浴室には自然の豊かさと色彩を取り入れましょう。

例えば、観葉植物を置く、アロマをたくなど自然を素材にした明るく清潔な浴室なら、美しさや元気の源になってくれます。バスグッズに取り入れるのもよいでしょう。

汚れが目立たないからといって排水口を汚れたままにしてはいけません。

## ユニットバスですが……

トイレの項でも説明しましたが、ユニットバスはあまりいいとは言えません。

窓がないので、ラベンダー色のアイテムを置きましょう。そうじと盛り塩、換気を忘れずに。

## 交際相手とうまくいかないのは浴室が原因かも？

浴室は愛情を支配する場所。浴室の湿気は、キッチンの火と並んで住まいの運気に影響するので、幸運ルームになるように保ちましょう。

残り湯をためない、湿気がこもらないように使用後はお風呂用の水切り（スクレーパー）などで壁や床の水分を拭き取る習慣を。

# 寝室のお悩み解決！

## 寝ている時間に運が逃げてしまう、寝室のNGを回避しましょう

私たちは寝ている間に不運を吐き出し、その隙間に幸運を吸収しています。「寝ている間に運は宿る」とも言われており、寝室は風水でもとくに重要視します。ただ眠る場所と考えずに、幸運ルームと言える寝室環境を整えることは、非常に大切なのです。部屋自体の採光や換気、ベッドの材質や寝具などの色合いも重要になってきます。できることから始めましょう。

### 寝室が狭い

寝室は広いほど吉相です。ちなみに風水家相でいう「広い」の定義は30〜40畳。一般の住宅事情を考えたら無理ですね。ということは、どの家の寝室も「狭い寝室」に当てはまります。その中での「広い」をつくり出すためには、寝室にゴチャゴチャとものを置かず、できるだけすっきりとつかうこと。もし可能なら、リビングを広くするより寝室を広くするほうが、より幸運をキャッチしやすくなります。

## ロフトを寝室にしている

ロフトにベッドや布団を持ってくると、部屋を広くつかうことができますが、ロフトで眠るのは実はNGです。本来ロフトは荷物置き場。ここで眠ると、その人自身がお荷物になってしまいます。さらにロフトは、天井が低かったり傾斜がついていたりと、風通しが悪いことが多く、睡眠時に必要な厄落としが十分にできません。ロフトは、あくまでも収納スペースとしてつかうようにしてください。

## 枕の向きが選べません

頭をどちらに向ければ、自分にとってよいかがわかっても、寝室が狭くて一定の方向にしか頭が向けられない、とお悩みの方もいらっしゃるでしょう。そのときは、枕カバーの色にこだわりましょう。

東枕にしたいのに無理なら、枕カバーを赤に。南に向きたいのに無理なら枕カバーをグリーンに。西に向きたいのに無理なら枕カバーを黄色に。北に向きたいのに無理なら枕カバーを白にするといいのです。

ちなみに北枕は縁起が悪いのでは？　と躊躇する方もいらっしゃいますが、温度は北側が低く、南側が高いので、本来望ましいとされる頭寒足熱のためには悪くはありません。

# リビング空間のお悩み解決！

安定したＯＫ運気の中にも
空間作りのＮＧが！

リビング空間は、あなたの才能に影響を与える場所。運気を左右するのが、明るさと内装などのインテリアです。ポイントは陰陽のバランスがとれていること。間取りは決まっていますが、テレビの置き方、ソファーやテーブルの置き方、また材質などでも運気は変わってきます。マイナスなものがあれば、インテリアで工夫をすると幸運の気が流れるようになります。

## 内装の仕上げが コンクリートの打ちっぱなし

コンクリートが打ちっぱなしの内装は若い人に人気ですが、実は打ちっぱなしには陰のパワーがあります。リビング空間は食事をしたり、くつろぐ空間なので、陽の活動的なパワーが必要。陰のパワーが強いコンクリートの仕上げではウキウキ感がわかず、不安を感じるようになります。

このような仕上げの場合は、照明を明るくしたり、観葉植物や暖色系のアイテムや、どっしりとした木目の家具などを置いて、陽のパワーを補いましょう。

## 照明が1ヵ所しかない

リビング空間の照明が天井のシーリングライトだけ、というのは、運気的にはマイナス。メインの照明の他にスタンドライトなどの間接照明をプラスしましょう。

1つしか照明がないと、人生もマンネリになりがち。そこで、間接照明などをつかって光の当たり具合をさまざまに変化させると、いろいろな方向からのアプローチができるようになり、多方面で才能を発揮できるようになります。

## リビング空間の日当たりが悪い

一般には東南など日当たりのいいリビング空間が好まれますが、日当たりが悪いからといってNGにはなりません。例えば、北側のリビング空間は採光が一定しており、おだやかに過ごせます。

リビング空間は才能に影響する場所です。日当たりのよい南のリビング空間は、才能を発揮・発見するパワーが強力ですが、北のリビング空間は、一度出た芽が着々と伸び続けるパワーがあります。間取りの運の特性を上手に利用しましょう。

# 窓のお悩み解決！

## 窓が多くて光が入りすぎても光が入らないのも運気に影響します

若い人には、東や南の太陽の光が入る窓があると理想的ですが、間取りによっては太陽の光が入らない、逆に大きな窓で明るすぎる場合もでてきます。インテリアを工夫して、採光の代わりのものを置いたり、明るすぎる場合は、遮光して明暗のバランスをとることで「幸運ルーム」にしましょう。

### 西日の入る大きな窓がある

西は〝遊び心〟をくすぐる方位。ここに大きな窓があり、西日が入る部屋で暮らしていると、遊びたくてウズウズしてきます。

年配者が住むなら西日だけが入る家でもいいのですが、バリバリ働きたい若い人にとってはストレスの多い環境となります。また西日は、とくに女性の浮気心を強く刺激します。働く運を得る、浮気性にならないためにもカーテンをしっかり遮光できるものをつけてください。

## 太陽光が射し込む 窓がない

環境や間取りにより、太陽光が家に入らないケースがあります。しかしチャレンジ精神で運気を活性化するには太陽のパワーは大切。とくに日の出から午後にかけて、つまり東から南にかけての太陽光が入る窓が、運気を活性化してくれます。そこで、東から太陽が入らない場合は東側に赤い色づかいのインテリアを、南から太陽が入らなければ一対の観葉植物や光沢のあるグッズを南側に置きましょう。

## 大きな窓がたくさんありますが……

大きな窓がたくさんある明るい家を好む人が多いのですが、実は、明るい家はお金に縁のない家。お金は暗い場所で心地よく育つため、明るいばかりの家ではお金も居着かないのです。とはいえ、暗いばかりではお金が入ってきませんから、家の中には明るい場所と暗い場所がバランスよくあるのがいいでしょう。

しっかり遮光できるカーテンやスクリーンをつけ、明るさの調節をしましょう。お金に限らず、どちらか一方だけの環境では、落ち着きや精神の安定も得られません。

# ロケーションのお悩み解決！

建物の構造や立地、周辺環境にも運気ダウンの原因がある場合も！

風水では、部屋の中の環境の他に、周辺環境の善し悪しも運に影響すると考えます。今住んでいるあなたの家は、どんな敷地に立っていますか？　まわりにどんな建物や設備、自然環境がありますか？　少しでも幸運の気が流れる部屋にするために、当てはまることがあれば、インテリアで整えてください。鏡や盛り塩、植物が強力な厄除けアイテムとなりますよ。

## 窓の外にまわりの建物の角がみえる

窓から外をみたとき、まわりの建物の角が自分の家に向いているなら、そこから凶意が家に向かって発せられていると考えてください。そのダメージによって、家のその方位のパワーがダウンしてしまうからです。この場合、室内でもベランダでもいいので、小さな鏡を置いて、その建物に鏡面を向けておきましょう。建物の角から放たれている凶意をはね返すことができます。鏡の他に、植物や粗塩を置くのもいいでしょう。

## 道路や線路のカーブの外側に家がある

カーブした道の外側に面している敷地は、事故に遭いやすかったり、精神的に不安定になる、予期せぬトラブルに巻き込まれるなどの凶作用が考えられます。これは道路だけでなく、線路でも同様です。対策としては、玄関の風水を強化することです。そうじを徹底して、盛り塩を置きましょう。

## 鉄塔や電信柱がみえる

窓から鉄塔や電信柱がみえるのはＮＧなのです。鉄塔や電信柱は空中にある幸運をさえぎってしまうことがあるため、吉凶が激しくなります。ただし東側にある場合には、そこからよい気を吸収できます。東以外で鉄塔がみえる窓には、その方位と相性のよい色のカーテンにしたり小さな鏡をかければ、ダメージを防げます。

## 神棚の上に人が住んでいる

マンションやアパートの場合、最上階に住まない限りは、上の階に住人が住んでいます。神棚をお祀りしたい場合、家の中心や西、北、北西にお祀りするのをよしとしますが、お祀りした神棚や仏壇の階上を人が通ったなら、それは神様に対して失礼にあたります。神棚の上の天井に「雲」という文字を書いた紙を貼っておきましょう。仏壇をお祀りする場合も同様にしてください。

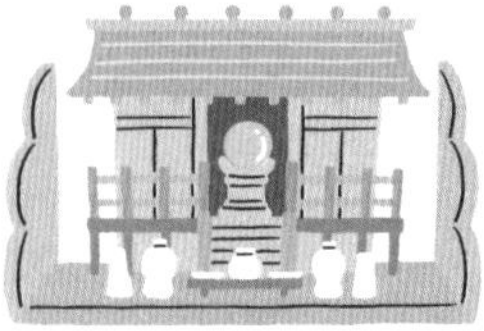

## 住まいに面している道路が狭い、交通量が多い

幸運の運気は、人やクルマと同様に道路を通ってやってきます。そのため前面道路が狭い建物は前面道路を通る幸運の量が少なくなります。とはいっても、道路が広すぎたり交通量が多い、というのも考えものです。そうした道路は幸運の気の流れが速く通るため、幸運が家の前を素通りしてしまいがちです。

また、カーブの外側や行き止まりにある敷地、よく事故が起きる交差点や信号などの近くにある建物に住んでいるなら、外からのダメージを受けやすいので、その分住まいを「幸運ルーム」にするよう心がけましょう。窓にはしっかりと遮光をして盛り塩を。道路に面している部屋には、観葉植物を置いてください。

## 家の近くに神社やお寺がある

神社やお寺が近くにある家は、どの方位にこれらがあるかが問題です。神社やお寺が東や南側にある場合は、ＮＧなのです。神社やお寺側に向いた窓にグリーンや生成りなどの落ち着いた色のカーテンをかけましょう。神社やお寺が敷地の西や北側にあれば吉相。ただし、神様を上から見下ろさない窓の配置にも工夫が必要です。

## 家のすぐ近くに大きな川が流れている

水は陰の気が強いので、川が近くにあるとパワーダウンしがち。川が大きければ大きいほど、近ければ近いほど川の影響を受けます。

さらに、川の水が汚れていると凶の作用が多くなります。川幅以上に離れていれば悪影響は少ないのですが、それより近いのはＮＧ。湿気には十分気をつけて、川のある方位と相性のよい色の花や相性のよいアイテムを家の中でたくさんつかうようにしてください。

## 建物の1階全体が車庫になっている

1階全体が車庫になっている「ピロティガレージ」がある建物に住んでいる場合、2階以上の住居部分に届く土のパワーが不足しがち。本来は一部でも住居が土に接するようにするのが吉です。冬、室内が冷えない工夫をし、素焼きの鉢などを飾って大地のパワーを補ってください。

## T字路の突き当たりに住んでいる

左右に道路が走り、敷地と垂直にまっすぐ道路が伸びているT字路の敷地は、よい運気も悪い運気も混じり合ってストレートに家の中に飛び込んでくるため、事故に遭いやすかったり、不意の出費があったりします。鏡面が道路を向くように、直径10センチぐらいの鏡をとりつけて、道路からやってくる悪い気をはね返すといいでしょう。

## 家が坂道に面している

坂道に面した敷地は、平坦な敷地より幸運が入りにくくなります。幸運が坂の傾斜で加速したり、坂道をのろのろ移動したりするため、家の前を素通りしてしまいがち。それで入ってくる幸運が少なくなるのです。

そこでまず、玄関まわりやアプローチ、前の道路などを、こまめにそうじするようにしてください。

他に、道路より低い土地に家があるのもNG。道路を通る気がうまく取り込めないだけでなく、道路に面した方位のパワーが奪われてしまうとも考えます。

アプローチや玄関などに背の高いものを置いて、道路から直接運気が入ってくるようにしましょう。

COLUMN 3

# 劇的に運気が好転するワンアクション

何をやってもうまくいかない。不運が続いている。
そんなときにはこんなワンアクションでNG運気を好転させましょう。

### 家のそうじをする

運が悪いときほど、そうじをすることで運がぐんと上向きになります。「もうダメだ」とあきらめる前にまずはそうじをしてください。そうじの直後から運の変化が感じられるはず。心がスーッと軽くなり、気持ちが前向きになるでしょう。

### 粗塩を頭や両肩にのせてシャワーを浴びる

滝に打たれる修行と同じ効果を自宅でできるのがシャワー。もやもやしたときやイライラしたときに効果的です。やり方は簡単。粗塩をひとつまみ頭や両肩にのせて、勢いよくシャワーで洗い流すだけ。厄落とし効果が絶大ですよ。

### 朝いちばんに寝室の窓を開ける

人は寝ている間に家から運気をもらいますが、同時に自分からは厄を吐き出しています。そこで、起きたらすぐ窓を開けて外の空気を入れ、寝室に残った厄を外に出しましょう。これで寝室はよい運気をあなたに与えてくれます。

### 玄関の厄落としをする

不幸な状態が続いているとしたら、あなたの家の玄関が幸運ではなく厄ばかりを招いてしまっているのかも。玄関の厄落としをしましょう。玄関の土間を水拭きして、玄関や廊下が暗いようなら花の絵を飾りましょう。

### 古いタオルを捨てる

すり切れたタオルは過去の厄でいっぱい。それで拭いても、顔や体に悪い運気をなすりつけるだけです。そこで、古いタオルを捨てて新しいタオルに替え、運を新しくしましょう。

### 財布を買い替える

3年以上同じ財布をつかっているなら、財布を買い替えましょう。新調するなら年中行事の日や、大寒（1月20日頃）以降から桜が咲く頃までの春か、9月のお彼岸過ぎから11月24日頃までの秋にすると、金運が宿る財布になります。

# 第4章 知っておくと得するQ＆A

新生活や引っ越し、仕事、趣味、ペットなど、インテリア以外にこんなときはどうするの？　といったお悩みに答えています。

# 引っ越しや新生活のQ&A

住まいが変わって始まる新しい暮らし。そのスタートラインには、その後の運に影響するNGが潜んでいます。最初が肝心!

**Q** 部屋を借りるとき、何をポイントに選ぶといいですか?

**A** 「幸運ルーム」のスタートには、1に方位、2に環境(地相)、3に間取りがポイント

解説:部屋を借りたり、家の購入をするときに考慮しておきたいことは、「1に方位、2に環境(地相)、3に間取り」です。まずは引っ越しをする日が、今住んでいるところからみて吉方位に当たる物件を選ぶこと。吉方位については、毎年発売される『Dr.コパの風水手帳』やムック『新Dr.コパの風水まるごと開運生活』(ともに小社刊)で紹介しています。環境では変形した敷地やT字路の突き当たり、カーブの外側にあるところは避けるようにすること。そして、東や南に窓がある部屋を選ぶことです。他に、部屋自体が変形していたり、凹凸がある部屋も運気のバランスが悪く、おすすめできません。

**Q　マンションなどで住む階数を選ぶとき、どこがおすすめですか？**

**A　5階より高いフロアーは若い人に○。でも大地の気が不足気味に**

解説：5階より高いフロアーになると大地の気が不足します。テンションが高くなり、刺激の多い日常になりますが、若い人には悪くはありません。落ち着きがほしいなら観葉植物や鉢植えなどを室内やベランダに置いてパワーを補いましょう。

大地に接する1階や低層階は落ち着きや安定があり、大地の気を吸収できますが、まわりに高い建物があり、日当たりが遮られたり、風通しが悪いと行動力に欠けたり、人間関係での悩みが生じます。とくに午前中の日当たりが悪い部屋は若い人にとって「幸運ルーム」になりにくいのですが、それでもインテリアで幸運を呼び込むことは可能です。

**Q　引っ越しで運を落とさないようにするために、気をつけることはどんなことですか？**

**A　そうじをして新居と住人の心を通わせる**

解説：人が新しい家に対して期待と不安を持って引っ越すように、家も住人に対して「どんな人が住んでくれるんだろうか」という気持ちを抱いています。

そんなとき、家と住人の気持ちを近づけてくれるのがそうじ。隅々まで水拭きをして家の四隅に盛り塩をします。これで家と人とが心を通わすことができます。

# 引っ越しや新生活のQ&A

**Q　ロフトつきの物件は「幸運ルーム」としておすすめですか？**

**A　ロフトはあくまでも納戸としてつかう**

解説：1SLDKなど、ロフトつきの物件は、収納の面でも魅力的です。ただ、やってはいけないのは、ここを寝室としてつかうことです。収納として作られているものなので、気の通りも悪く、開運スペースとは言えません。**ロフトはあくまでも収納スペースとしてつかう**なら問題ないでしょう。ただし、詰めすぎはダメです。

**Q　1Kで玄関から窓まで一直線の間取りなのですが、ポイントはありますか？**

**A　鏡を玄関に正しく置く。玄関と玄関の反対側に同じアイテムを置く**

解説：このような間取りは結構多いのですが「幸運ルーム」にするには玄関の風水を強化することです。**一つ目の方法は鏡を玄関に置くこと。**ただ玄関に入って鏡面が真正面にみえる位置には置かないこと。幸運がはね返されてしまいます。鏡を置く場合は位置や方位、向きに注意をしてください（40ページ参照）。

　また、**玄関と玄関の反対側に同じ色のものを置くこと**で玄関からやってきた幸運を部屋の中まで引き入れることができます。例えば北の玄関の場合、玄関との反対側は南になりますが、南に相性のよいグリーン系のものをつかったら玄関にもグリーンのものをつかうことです。

**Q　家具を購入する場合、避けたほうがいいものと購入すべきものを教えてください**

**A　狭いスペースには光沢をうまく取り入れて。ガラス&丸テーブルはNG**

解説：広くないスペースでは光沢を取り入れて狭くても幸運が集中する部屋作りをすることが大事。

ただしガラスのテーブルはいくら光沢があってもおすすめできません。陰の気が強すぎてそれ以上、発展するパワーに欠けるからです。

ソファーベッドは、役割が分散するため、運気もどっちつかずに。ソファーかベッド、どちらか一つに使い方を定めましょう。夫婦やカップルで直径1・2メートルに満たない丸テーブルをつかうと2人の世界に浸りすぎ、他との人間関係が弱くなります。ライティングビューロー（机と収納が一体になっている家具）はおすすめの家具です。

**Q　ベッド下収納はOKでしょうか？**

**A　引き出しの下に白い紙を敷いておくことで収納スペースにも幸運が入ります**

解説：本来はNGです。ただスペースが限られたワンルームなどだと便利ですね。ベッド下収納をつかうなら引き出しの下に白い紙を敷いておくこと。これは敷き詰めなくてもかまいません。またなるべくその年のラッキーカラーの服や小物をいちばん上、または真ん中などいちばん目立つところに置くようにします。ベッド下収納に限らず、収納にものをぎっちり詰めるのはよくありません。収納スペースにも幸運が入り込むと考え、ものがありすぎると幸運が入るスペースがなくなります。ラッキーカラーは拙著『新Dr.コパのまるごと風水大開運術』や『Dr.コパの風水手帳』などで発表しています。

# ひとり暮らしのQ&A

ワンルーム、シェアハウスなど生活スタイルは多彩です。住まいから得られる運も、生活スタイルとあわせて考えましょう。

**Q　ワンルームでひとり暮らしです。部屋が狭いのですが、狭い部屋でどんな風水ができますか？**

**A　寝ている位置を中心と考えて風水インテリアを取り入れて**

解説：ワンルームはどれも同じような間取りで、運気の差がないように思われるかもしれませんが、風水では「自分の寝ているところを家の中心とする」という考え方があり、ベッド（布団）の位置を中心とみて各方位を割り出すやり方があります。

家の中心からみた方位だけでなく、ベッド（布団）からみた方位を考えると、ワンルームでできる運気アップのインテリアにも広がりが出てきます。

また頭をどちら側に向けて寝るかによっても運気に大きな違いがあります。若い人なら東枕や南枕をおすすめします。

**Q シェアハウスは、狭いアパートを借りるより楽しく暮らせそうです。注意点は？**

**A 家への気づかいを忘れないようにして**

解説：まず、どの方位にある部屋をつかうかがポイントになります。女性なら東南や南を、男性なら東や東北をつかいたいですね。他に、西日が入る部屋や中心近くにある部屋をつかうと、役割的にあなたがその家の主のような存在になってしまい、責任が重くなり、楽しく過ごせなくなる可能性が高まります。

　また、そうじ当番を決めるなどでルールを設け、キッチンや浴室、洗面所、トイレ、玄関といった共有部分をきれいにつかうことです。家に気をつかわなくなると周囲への気づかいが減り、トラブルが増えるでしょう。

**Q 仕事が忙しく、部屋には寝に帰るだけでほとんどいません。そんな環境で風水はできますか？**

**A 部屋が風水で蓄えた運をつかうことができます**

解説：もちろんできます。あなたがいない間でも、部屋は運気を蓄えて、あなたの帰りを待っていてくれます。夢や目的にあった運気アップのインテリアを部屋に施しておきましょう。そうすれば、あなたが疲れて夢を見失いそうになっても、そういうインテリアを施された家はあなたの夢を忘れません。そして何かのきっかけであなたにささやきかけて夢を思い出させてくれ、その運をくれるのです。

　ただし、家が汚れていては汚れた運が家にたまります。そうじをする時間を何とか作り出して、部屋をきれいな状態にしておきましょう。

# 仕事のQ&A

仕事場も、リモートワークなどが加わり、多様になっています。しかし、そこでの運気を下げてしまう行動には気をつけましょう。

**Q　オフィスでつかっているデスクは上も下も資料などが山積み状態。これはNGですか？**

**A　一生懸命仕事をするわりに、周囲の評価は低くなるかも?!**

解説：当然NGですね。デスクの上はもちろんですが、デスク下にものが山積みだと、下（大地）からの気を受けとめられません。一生懸命仕事に取り組むわりにはまわりの評価が低く、当然、金運にも影響が出ます。

また、デスクの位置や向きも問題です。デスクを西向きにすると遊びのことばかり考えたり、すぐに眠気がおそってきて仕事に集中できません。机の上や脇に観葉植物を置きましょう。また、デスクは壁にぴったりとつけて置くよりは、壁を背にして前が開いた位置に置くほうが発想力も豊かになります。

**Q　コロナ後もリモートワークの日が増えました。オンとオフがなかなかできません！**

**A　パソコンの向きにこだわってみて。外のスペースも利用しては？**

解説：部屋の換気をしたり、部屋をざっといいのでそうじをしてみてください。ノートパソコンなら向きを変えるのもおすすめです。

部屋の真ん中にデスクやテーブルを置いて南を向いて仕事をする、西を向いて仕事をするなど向きを変えて仕事をしてみてはいかがでしょう。

ワンルームでそれもできないなら仕事をしながら飲み物を飲むマグカップやグラスを同じものにせず、何種類か用意して代えてみること。

また外に出て、公園やファストフード店、ファミレスなどで企画を考えるなどの仕事をするのもいいでしょう。

**Q　飲食店をやっています。お店でやってはいけないインテリアは？**

**A　厨房の位置と入り口の明るさが繁盛の決め手になります**

解説：飲食店では厨房の位置が吉凶に影響します。NGなのは、お店の出入り口の正面に厨房の入り口があって厨房内がみえてしまうこと。この場合、厨房のドアを閉める癖をつけ、観葉植物やスクリーンなどを置いて、厨房内が丸みえにならないようにしましょう。

さらにお店では、入り口のまわりが暗いと幸運が素通りしてしまいがちです。人でにぎわう店は入り口が明るいもの。入り口の照明は明るくし、方位と相性のよいものをつかって、明るい雰囲気のインテリアにしましょう。他に、入って正面にすぐ壁やついたてがあるのもNGです。

**Q 通勤が減り、体重が増えてしまいました。風水的に食事や運動のポイントは？**

**A 東西南北にそれぞれのアイテムを置きましょう**

解説：西が食事に影響する方位。その西にラベンダー色やブルー系のものを置くと食欲が抑えられます。ただしあまりたくさんブルー系のものを置くと、今度はお金が入ってこなくなります。つまり収入が減ります。

　北にはお酒という運気があるのでお酒を飲みすぎることで体重管理ができていないなら北に盛り塩を置いておきましょう。東にはブルー系の痩せたら着たい服を吊るしておいたり、南に体重計と姿見を置き、南を向いて体重測定&現実を直視することです。

**Q スマホが手放せないので、寝るときは枕元に置いています。問題はありますか？**

**A 枕元に置くより東に定位置を決めておくこと**

解説：スマホはすでに単なる通信機器ではなく、さまざまな機能で仕事や生活に欠かせない道具になりました。風水的にみてもスマホは強い光を放ちますし、情報を収集できたり、人間関係を構築できるラッキーアイテムです。

　音の出るものは東と相性がよいので、スマホは枕元に置くより家や部屋の東側を定位置に決めておくとよいでしょう。他に運気アップのために枕元に置きたいものは、その年の干支の置物やゴールドカラーの貴金属など。これらは睡眠中に厄を落とし、よい気を呼び寄せてくれます。

## Q　SNSなどの情報シャワーに疲れ気味です。リラックスする方法を教えてください

## A　よい情報が入る風水をして

解説：さまざまな情報が入ってきて疲れ気味になるのはよくわかります。とはいっても今の時代、遮断することはなかなかできません。いい情報だけ入るようにするにはパソコンの脇などに盛り塩をします。スマホならスマホカバーをゴールドやその年のラッキーカラーのものにしたり、普段ちょっとスマホを置く場所、充電の位置などを東にするといい情報だけ入るようになります。

　パソコンのホーム画面や携帯の待ち受け画面に、ラッキーカラーやラッキーモチーフをつかったり、パスワードなどに吉数をつかってとことん開運アイテムにすることもおすすめです。

## Q　部屋が狭くてパソコンを置く場所がありません。ダイニングテーブルで仕事してもOK？

## A　食事と仕事の切り替えをうまく行うこと

解説：仕事用のデスクを置くスペースがない場合、ダイニングテーブルをつかっていただいてかまいません。ただ、食事と仕事のメリハリは必要です。食事をするときはランチョンマットを敷くなど、「食事をしますよ」という環境を作り、食べてください。そのとき、パソコンなどはテーブルに置きっぱなしにせずに、食事の際は家の東側に収納スペースを作り、片づけてください。

　また、パソコンの側にはいい情報が入ってくるように、盛り塩を置くといいでしょう。パソコンを置く向きについては89ページを参考にしてください。

# 趣味やペットのQ&A

風水的にいいのか悪いのか、判断が難しいのが趣味やペットのこと。NGを避け、運気アップに結びつける方法をチェックしましょう。

**Q　推し活にはまっていて、お金も部屋のスペースも減る一方で大丈夫でしょうか？**

**A　風水インテリアでお気に入りアイテムに運気を注入して**

解説：推し活は悪いことではありませんよ。それによって出費が増えても自分の気持ちが豊かになったり、人生の楽しみを見いだせたり、頑張りの元となっているならそれでいいでしょう。例えば推しのアイドルやタレント、キャラクターの色があるなら、その色と相性のよい方位に配置をし、開運アイテムにすることもおすすめです。黄色いものなら西に、赤やブルー系なら東に置きます。

どうせものが増えるなら、それさえも風水を取り入れ、無駄にしないこと。ただしアイテムの増えすぎは気が偏《かたよ》るためNG。捨てる勇気が持てなければ買わないか、買う個数を最小限にとどめて。

**Q 趣味の雑貨やアクセサリーコレクションはインテリアとして部屋に並べて置いてOK?**

**A ほこりや汚れに気づかないとダメージの元に**

解説：みせる収納で雑貨やアクセサリーを飾る場合、大切なのは無造作に置いておかないことです。そしてみせる収納は、ほこりや汚れがつきやすいので、できればガラス窓がついた家具の中に入れて保管しておくといいでしょう。

ちなみに宝石や貴金属類などのジュエリーは、地中深くで育ったもの。飾って光にさらしすぎると本来のよさが失われるので注意すること。しかし、ここ一番のチャンスをつかむ方法として、あえて南方位にジュエリーを飾って幸運を呼び込む風水もあります。

**Q 旅先で購入したお土産品はどこに置くのがいいですか?**

**A 家の中心などに飾るとツキがアップ。吉方位旅行先で購入したものなら◎**

解説：旅行先で自分用のお土産を購入して持ち帰ることは、旅先で得た運気を家に注入することにもつながります。

運を上げたいなら、その年のラッキーカラーのものや、自分のほしい運気のカラーのものを購入してください(34ページ参照)。旅先でみつけた置物などのインテリアは、家の中心やその年のラッキー方位、旅行先の方位に飾りましょう。

旅行は吉方位へ行くことが望ましいのですが、いろいろな都合で吉方位ではない場合は、お土産は食べ物や飲料など残らないものがいいでしょう。

# 趣味やペットのQ&A

**Q　つかわなくなったダイエット器具が部屋の片隅に放置してあります。運気に影響しますか？**

**A　開運アイテムになるように置き場所を工夫して**

解説：家の中にものが増えると、それだけ幸運が住人に行き渡る率が少なくなります。部屋にはできるだけものがない状態にしておくことが、風水的には理想です。

健康器具やダイエット器具は、どうしても置き場所がなければ部屋の東側に置いたり、また、器具に赤い布をかけたり赤いリボンを結んでおいて、それ自体が開運アイテムとなるような工夫をしましょう。

同様にスポーツ関係のものは、朝日が昇る方位の東方位に置いておくと、健康や活気、積極性をもたらしてくれる開運アイテムとなります。

**Q　犬や猫など、ペットと一緒に暮らすとき、気をつけたいのはどんなことですか？**

**A　トイレやえさ場の位置には十分に気をつけること**

解説：犬や猫など、動物のほうが幸運のありかに敏感です。そこで、ペットに運をとられてしまわないよう、えさ場や水飲み場の位置に気をつけてください。NGなのは玄関にペットのトイレやえさ場があること（43ページ参照）。また家の中心付近もダメです。家の東北側にあると突発的な事故などが起こりやすくなります。この方位に置く場合は、臭いにも汚れにも十分に配慮してください。

とはいえ、ペットはその家の住人の運のバロメーター。犬や猫などのペットが元気な家は、住人も健康で幸せに暮らせる家だと言えます。

**Q　ペットの犬と一緒に寝ています。OKでしょうか？**

**A　睡眠は運の補給のとき。ペットとは別々に寝ましょう**

解説：本来OKではありません。寝ている間に人は幸運を吸収するのですが、ペットによい気を吸い取られてしまうと考えます。

また、先述したようにペットの食事の場所、トイレの位置などに気を付けてください。玄関や家の中心付近は避けること。ケージやトイレ、食器の下にラベンダー色のシートなどを敷いておくといいでしょう。

**Q　アクアリウム水槽を置きました。置き場所などのアドバイスをお願いします**

**A　大量の水を扱う水槽を置くなら20リットルまで**

解説：狭い部屋に20リットル以上水が入る水槽を置いてはいけません。どの方位もよくないのですが、とくに南や家の中心付近、そして鬼門方位（鬼門ライン上の空間）はいけません。南は火の方位で水と相性が悪いため喧嘩したり、別れたり、イライラするようになります。容姿に自信もなくなります。

中心は家の命運を握る場所で、ここに置くと総体的に運気ダウン。鬼門方位に置くと健康面で心配ごとが生じそう。また西に置くと金運がダウンします。どうしてもこれらの方位にしか置けないなら観葉植物と盛り塩をその脇に置いておくことで対処しましょう。もちろん水が汚れていてはいけませんよ。

# ガーデニングのQ&A

開運の環境作りは
家の中だけではありません。
庭や家、建物のまわりにも
NGポイントや開運ポイントがあります。

**Q　部屋に観葉植物を置くときのポイントはありますか?**

**A　植物の葉の形状などで運気も変わります**

解説:観葉植物は厄を避け、運気を補ってくれます。観葉植物が部屋にあるだけで部屋の気が和らぎ、心がなごみます。

どこに置いてもいいのですが、ポニーテールのように長い葉の植物は人間関係によく、葉っぱの大きいものは財産をもたらし、先がとがっているタイプは厄落としになります。植物ではサボテン系のとげのあるものはあまりよいとは言えません。置くサイズや個数は広さによりけり。一般に10畳程度の広さなら大きなものを1つか、小さな鉢植えを3つほどです。金運アップなら東南に置くのがおすすめです。

**Q　マンションのベランダガーデニングで気をつけることは？**

**A　ベランダガーデニングで大地のパワー不足を補う**

解説：マンションでは、2階以上は大地から離れているために大地のパワーが不足しがち。とくに5階以上になると急激にパワーダウンします。そうした大地のパワー不足を補うのがベランダガーデニングです。

　基本的にどんな植物でもＯＫですが、ベランダの方位と相性のいい色やアイテムをつかうと、方位のパワーアップも望めます。ただし、枯れた葉で排水口を詰まらせたり、植木を階下に落とさない注意は必要。また、枯れた花などを放置しないことです。ベランダは避難通路でもあるので、避難口をふさがない配慮も大切です。

**Q　庭いじりの際のＮＧはありますか？**

**A　土用の時期は土をいじらないほうがいいです**

解説：土用といって年に4回土いじりをするとよくない時期があります。

　土用はそれぞれ、立春、立夏、立秋、立冬の前の18日間の期間です。「冬の土用」は1月17日頃～立春まで。「春の土用」が4月17日頃～立夏まで。「夏の土用」が7月20日頃～立秋まで。「秋の土用」が10月20日頃～立冬まで。

　この時期は季節の変わり目で、人間だけでなく、植物も影響を受けやすいのです。土いじりをする場合はお塩、日本酒でお清めしてからがいいでしょう。

# プチ模様替えのQ&A

模様替えは、停滞しがちな運気を動かす開運アクション。NGに注意して、無駄なく上手に運気アップしましょう！

**Q　ソファーの向きや色、素材などでおすすめはありますか？**

**A　東や南向きに配置し、黒やグレー以外がおすすめ**

解説：若い人は東や南を向いて座ることができるようソファーを配置しましょう。革製のソファーは対外的な人間関係がよくなり、布のソファーは家族や親しい人との関係がより強くなります。

　ソファーは黒やグレーは避け、その年のラッキーカラーや方位と相性のよい色のものがよいのですが、黒やグレー系ならクッションなどでその色をうまくつかうのもいいでしょう。

**Q 収納が足りなく、壁面収納を付けたいのですが注意点はありますか？**

**A 部屋に対して場所をあまりとらないようにする。むき出し収納もなるべく避けて**

解説：壁面収納をつけるのであれば北や西側に取りつけるといいでしょう。ただし収納スペースには陰のパワーがあるのであまり多いと陰のパワーが強すぎて行動力ややる気に欠ける部屋になります。

また、むき出しの収納は本来はあまりよいとはいえません。収納スペースにも、また収納してあるものにもほこりがつきやすいからです。

**Q ツキがないときには、どこをピンポイントで模様替えすると運気が変わりますか？**

**A 寝室やキッチンの模様替えが効果を発揮する**

解説：全般的にツキがないというときには、寝室を模様替えすると運気もリセットされ、ツキが上向きになります。枕の向きを変えるだけでもいいでしょう。

また、ベッドの下や布団が汚れていると運気を吸収する効率が悪くなりますから、きれいにしてください。

金運のツキがなければキッチンの模様替えを。模様替えといっても、大きく配置替えするだけでなく、今、置いてあるものを少し移動し、周辺をそうじして、また置き直すだけでも模様替えになります。こまめに模様替えしていれば、運が停滞することはありません。

# プチ模様替えのQ&A

Q　片づけ、収納が苦手です！　少しでも運を上げる片づけや収納のポイントは？

A　収納せずに出しておく風水の裏技をつかう

解説：収納は苦手でも大丈夫！　まず収納スペース内のものを減らすために、不要なものは処分しましょう。とくに玄関付近や家の中心、玄関と対角側にある収納スペースが汚れていると悩みが増えるので、きれいにしておくこと。ものが減れば片づけも楽になるはずです。

　また、どうしても片づけられないのなら、しまわずに出しておいてもよいように、西には黄色、東には赤、北にはピンクやオレンジ色、南にはグリーンなど、方位と相性のよい色を最初からインテリアにつかうようにします。これなら、片づけられなくても運は上がります。

Q　自分の願いを叶えてくれる模様替えの方法はありますか？

A　部屋が喜ぶ新品のアイテムを置くだけでＯＫ！

解説：大きく模様替えをすることは、時間もお金もかかりますが、プチ模様替えなら誰にでもできるはずです。模様替えは運をリセットすることにもつながります。一品でもいいので新しいものを置くこと。

　今、金運を上げたいな、と思うなら西に黄色やゴールドのもの。仕事を頑張りたい、と思うならクリスタルやゴールドの台のスタンドライトなどを南に。恋人がほしいなら、東南にピンクのもの。結婚運、家庭運を上げたいときは、南西に赤いもの。学業を伸ばしたいなら、デスク下（足元）にグリーンのマットを。

# おわりに

実は風水では「家は広ければ広いほど吉相」と言います。家は幸運を蓄える場所と考えているからです。広いほどたまる幸運が増えます。とはいえ、金銭的な制限がありますから、ワンルームや１Ｋ、１ＤＫの部屋でも風水で「幸運ルーム」に作りかえる方法を本書ではお教えしました。

人は環境に影響される動物。同じ間取りでは同じ運をもつ人が育つと言われています。ワンルームなどでは部屋の間取りは似ています。でも出入り口、窓の位置などは同じではありませんし、まわりの環境だって違います。内装の色や素材も違うと、同じ広さ、同じような間取りでも住まい方は全く違ってきます。太陽が当たるかどうか、風の通りがよいかどうか、また階数も重要です。暮らし方も気持ちも違ってくるでしょう。

風水ではどんな部屋だって「幸運ルーム」にすることはできるのですが、本書でお伝えしたようにできるだけ午前中の太陽や風が入る部屋のほうが「幸運ルーム」の土台がしっかりします。でも当たらないのなら東に赤いものを置けばいいですし、風通しが悪いなら東南にはさわやかな風をイメージしたストライプ柄のもの、ピンクや白、オレンジ色、グリーンのものを置けばいいのです。南からの太陽が入らないなら、南には海や森をイメージして観葉植物やグリーン系のインテリアにすればいいのです。

とにかく今はあまりよい環境でなくても、自分で家の中に未来の種まきをするのです。すると家は喜び、あなたにどんどんその環境に合わせた幸せを呼び込んでくれます。

ただしそこそこ幸せになっても、それで満足してはいけませんよ。狭い家よりは広い家のほうが幸運はたっぷりたまるからです。ずっとワンルームではなく、ワンルームを脱出して、もっと広くて、間取りもいい物件に入れるように鬼門方位の東北と南西に観葉植物を置いてください。

それから、時間をつくり、モデルルームや住宅展示場、オープンハウスに行って広い家をみることです。今の自分には無理だなんて思わないで。頭に浮かぶことは実現可能なこと。広い家をみることで「広い家に住む自分」がイメージできるのです。

本書を足掛かりにし、今よりも幸運になり、さらによい住まいに移って、大きな幸運を手に入れていただきたいと願っています。

今の住まいを無駄なくつかって「幸運ルーム」にし、さらに「大きな幸運ルーム」を手に入れ、もっともっと幸せになれるはずです。

チャンスがあれば風水の家相・方位の神様をお祀りする銀座三宅宮にご参拝ください（東京都中央区銀座8－7－17）。

小林祥晃

著者　小林祥晃（こばやし・さちあき）

1947年5月5日東京都生まれ。建築家、神職、愛知工業大学客員教授。

Dr.コパの愛称で人気の風水の家相、方位、インテリアの第一人者。雑誌、テレビ、講演などでも活躍中。累計売り上げ実績1500万部以上を誇るベストセラー作家。

ムック『新Dr.コパの風水まるごと開運生活』（毎年8月と9月に刊行）『Dr.コパのはじめての厄除け風水』『Dr.コパの開運極意！　おそうじ風水』『Dr.コパのコロナ時代の最強！開運風水』（すべて小社刊）など多数の著書がある。

オフィシャルサイト　https://copa.jp

※本書は2014年3月刊行の『Dr.コパのそこがNG（ダメダメ）！　インテリア風水』（小社刊）を大幅に加筆修正して編集したものです。

Staff
アートディレクション…大薮胤美［フレーズ］
ブックデザイン…梅井靖子［フレーズ］
イラスト…あさのななえ
DTP…有限会社マーリンクレイン
編集協力…伊藤夕美子（オフィスコパ）
　　　　　早草れい子（Corfu企画）

本書の内容に関するお問い合わせは、お手紙かメール（jitsuyou@kawade.co.jp）にて承ります。恐縮ですが、お電話でのお問い合わせはご遠慮くださいますようお願いいたします。

**人生が劇的に変わる「幸運ルーム」の法則**
**部屋のNGを改めるだけで幸せの神様はやってくる**

2023年8月20日　初版印刷
2023年8月30日　初版発行
著　者　　小林祥晃
発行者　　小野寺優
発行所　　株式会社河出書房新社
　　　　　〒151-0051 東京都渋谷区千駄ヶ谷2-32-2
　　　　　電話 03-3404-1201（営業）
　　　　　　　 03-3404-8611（編集）
　　　　　https://www.kawade.co.jp/
印刷・製本 株式会社暁印刷
Printed in Japan
ISBN978-4-309-29326-4
落丁本・乱丁本はお取り替えいたします。